BASIC

auf Mikrocomputern

Einführung in die Programmierung für Einsteiger

von Max Riederle

mit zahlreichen Programmbeispielen

R. Oldenbourg Verlag München Wien 1984

CIP-Kurztitelaufnahme der Deutschen Bibliothek

Riederle, Max:
BASIC auf Mikrocomputern : Einf. in d.
Programmierung für Einsteiger / mit zahlr.
Programmbeispielen / von Max Riederle. –
München ; Wien : Oldenbourg, 1984.
ISBN 3-486-29071-1

Gesamtherstellung: R. Oldenbourg Graphische Betriebe GmbH, München

ISBN 3-486-29071-1

Inhaltsverzeichnis

Vorwort

In den letzten Jahren ist im Bereich der Datenverarbeitung eine sprunghafte Entwicklung zu verzeichnen. Aufgaben, die noch Ende der sechziger Jahre nur mit Hilfe von aufwendigen Großrechenanlagen gelöst werden konnten, sind heute mit Tischrechnern zu bewältigen. Daher hat der Computer nicht nur in der Großindustrie, sondern auch in mittelständischen Unternehmen, Praxen und in den Schulen seinen Einzug gehalten. Das Preis-/Leistungsverhältnis auf dem Rechnersektor ist so günstig, daß viele Computer auch einfach für den Hausgebrauch erworben werden können.
Natürlich werden sich etliche Anwender damit zufriedengeben, ein für ihre Probleme zugeschnittenes Programmpaket zu kaufen und sich mit dessen Handhabung vertraut zu machen. Der starke Zulauf, den von privater Seite angebotene oder von Volkshochschulen durchgeführte Programmierkurse erfahren, zeigt andererseits, daß viele Benutzer den Wunsch haben, eigene Programme zu stricken. Dies setzt natürlich die Kenntnis einer Programmiersprache voraus. Als Einstieg bietet sich hierfür besonders BASIC an, denn diese Sprache ist vor allem im Bereich der Personal-Computer sehr weit verbreitet. Daneben hat sie aber auch den großen Vorzug, daß sie verhältnismäßig leicht erlernbar ist; schließlich wurde sie anfangs der 60er Jahre speziell für den Gebrauch an Schulen konzipiert (Dartmouth-BASIC).
Wer sich einen Rechner kauft, bekommt natürlich stets vom Hersteller ein Handbuch mitgeliefert, das die wesentlichen Funktionen seines Geräts beschreibt. Von der Natur der Sache her sind diese Handbücher aber überwiegend in der Art von Nachschlagewerken aufgebaut. Sie sollen möglichst detailliert und vollständig Auskunft über die Funktionsweise des konkreten Rechners geben; didaktische Überlegungen treten demgegenüber in den Hintergrund. Ein Programmierneuling wird durch die Lektüre von Handbüchern daher in aller Regel überfordert.
Das vorliegende Buch dagegen wurde speziell als Lehrbuch für Anfänger geschrieben. Nicht die systematische und vollständige Präsentation der Sprache BASIC oder besonderer Eigenschaften eines konkreten Rechners stehen hier im Vordergrund, sondern eine erste Anleitung zum Programmieren in BASIC. Dies geht natürlich zu Lasten der vollständigen Beschreibung des Befehlsvorrats. Ich meine aber, daß dem Anfänger auch nicht damit gedient ist, wenn er bis in die letzte Verästelung hinein weiß, was man unter einem bestimmten Begriff versteht. Je besser er sich in die Materie hineingearbeitet hat, um so mehr wird er sich über derartige Feinheiten im Handbuch oder in einem anspruchsvolleren Buch informieren können.

Kenner der Verhältnisse werden nun vielleicht die Frage aufwerfen, welches BASIC denn hier vermittelt werden soll. Seit den Tagen des Dartmouth-BASIC hat die Sprache BASIC nämlich eine stürmische Entwicklung genommen. Fast jeder Hersteller ging dabei seinen eigenen Weg, so daß es heute nahezu so viele BASIC-Versionen gibt, wie Modelle auf dem Markt sind. Erst in neuerer Zeit werden Versuche unternommen, diesen Wildwuchs durch die Einführung einer geeigneten Norm zu beschneiden. 1978 entstand so das sogenannte Minimal-BASIC, welches eine Einigung auf sehr niedrigem Niveau darstellt. Wesentlich anspruchsvoller ist der gegenwärtig in den USA diskutierte Norm-Entwurf, der eine große Bereicherung der Sprache BASIC mit sich bringen würde. Bisher wurde er allerdings noch nicht verabschiedet, und er hat sich am Markt erst in Ansätzen durchgesetzt.
Nichtsdestotrotz gibt es einen weiten Sprach-Bereich, der auf nahezu jedem Rechner verwirklicht ist, ohne daß eine große Variationsbreite auftritt. Dieser Vokabelschatz bildet im wesentlichen die Grundlage dieses Buches. Dadurch wird erreicht, daß die aufgeführten Beispiele auf nahezu jedem gängigen BASIC-Computer ohne nennenswerte Abänderung zum Laufen gebracht werden können (dies gilt mit Sicherheit für die Rechner vom Typ Commodore, Apple und den IBM-PC).
Andererseits verzichte ich dadurch auf gewisse rechnerspezifische Vorteile, die an manchen Stellen zu beträchtlichen Vereinfachungen führen könnten. Das kann gerne in Kauf genommen werden, denn dieses Buch soll ja nicht das Hersteller-Handbuch ersetzen; ich hoffe vielmehr, daß ein Leser, der es durchgearbeitet hat, dazu befähigt ist, sein Handbuch mit geschärftem Blick durchzusehen und dadurch die erweiterten Möglichkeiten seines Rechners zu nutzen.
Das vorliegende Buch basiert vor allem auf Erfahrungen, die ich bei der Durchführung von BASIC-Kursen im Volkshochschulbereich gewonnen habe. Wer zum erstenmal an einem Computer sitzt, hat mit vielerlei Schwierigkeiten zu kämpfen; diesem Umstand versuche ich durch langsames Vortasten in den Stoff und eine große Zahl von einfachen Beispielen Rechnung zu tragen. Auf kompliziertere Beispiele habe ich dagegen weitgehend verzichtet; die meisten Programme sind nicht länger als 15 Zeilen. Dieser Verzicht beruht auf der Erfahrung, daß es für die meisten Anfänger besser ist, sich zunächst einmal mit den Elementen der Sprache und überhaupt dem Medium Computer vertraut zu machen, bevor interessantere Probleme in Angriff genommen werden können. Ich habe aber die Absicht, solche Fragestellungen in Kürze in einem Band für Fortgeschrittene nachzutragen. Schließlich ist zu erwähnen, daß zahlreiche Übungsaufgaben (mit vollständigen Lösungen) in den Text eingestreut sind, die Ihnen Anregungen für weitere Programme bieten und eine Leistungskontrolle ermöglichen sollen.
Von seiner Konzeption her dürfte sich dieses Buch gut als Grundlage für einen Einführungskurs in BASIC eignen; besonders war mir aber

daran gelegen, ein Selbststudium zu ermöglichen. Auf jeden Fall würde ich aber den Anfängern dringend raten, die aufgezeigten Beispiele selbst an einem Rechner zu realisieren. Sie können Programmieren nur dadurch lernen, daß Sie sich selbst mit der Tücke des Objekts auseinandersetzen. Auf dem Papier sieht manches einfacher aus als hinterher in der Realität, und Sie werden sich wundern, welche Fehler Sie produzieren. Meines Erachtens können Sie aber nur so Programmieren lernen.

Abschließend möchte ich die Gelegenheit benutzen, um mich recht herzlich bei meinem Freund Siegfried Stief zu bedanken. Er hat das gesamte Manuskript dieses Buches sorgfältig durchgelesen und dabei zahlreiche Verbesserungsvorschläge gemacht. Darüber hinaus verdanke ich ihm viele Anregungen während unserer bisherigen Zusammenarbeit an der Fachhochschule Ulm. Weiter gilt mein Dank dem Oldenbourg-Verlag für die stets angenehme Zusammenarbeit. Besonders Frau Deinaß ist eine liebenswürdige und sehr kompetente Ansprechpartnerin, die mit gleichbleibend guter Laune auf meine Wünsche eingegangen ist.

Ulm, den 4.September 1984

Max Riederle

1. Der Computer als Taschenrechner

Obwohl Computer primär zur Erstellung und Ausführung von Programmen herangezogen werden, ist es doch im Regelfall auch möglich, sie einfach als Taschenrechner zu benutzen; Einschränkungen gibt es hier allenfalls bei Großrechenanlagen. Da einerseits die meisten Leser schon Erfahrungen im Umgang mit Taschenrechnern haben dürften und andererseits die Durchführung von Rechnungen für viele Problemlösungen grundlegend ist, stelle ich diese Anwendungsmöglichkeit an den Anfang. Auch wenn Sie Ihren Rechner ohne Programm betreiben wollen, müssen Sie sich aber an den Möglichkeiten orientieren, die Ihnen die Betriebsart BASIC bietet. Insofern ist dieses Kapitel bereits eine erste Einführung in BASIC.
Bei allen folgenden Ausführungen unterstelle ich, daß Sie Zugriff zu einem Rechner haben. Zumeist wird es sich dabei um einen Personal-Computer handeln, doch auch bei der Verwendung eines Großrechners gibt es im Hinblick auf die eigentliche Programmierung keine zusätzlichen Probleme. Typischerweise besteht eine Tischrechenanlage heutzutage aus dem eigentlichen Rechner, der Eingabetastatur, einem Bildschirm, 2 Diskettenlaufwerken und einem angeschlossenen Drucker; dabei kann es durchaus vorkommen, daß einige der ersten 4 Komponenten physikalisch gesehen eine Einheit bilden. Obwohl ich mich bei einzelnen Formulierungen häufig auf diese Ausgangssituation beziehen werde, mache ich davon nicht wesentlich Gebrauch. Fast alles, was ich sage, gilt auch, wenn Sie nur über ein Laufwerk verfügen oder mit Kassetten bzw. einer Magnetplatte arbeiten. Dieses Buch geht ja gerade nicht auf Anlagenspezifika ein.
Als erstes müssen Sie Ihre Anlage betriebsbereit machen. Bei manchen Modellen geschieht dies einfach durch Einschalten, bei anderen müssen Sie vor dem Anschluß an das Stromnetz eine vom Hersteller mitgelieferte Systemdiskette in eines der Laufwerke stecken. Darüber hinaus kann es noch erforderlich sein, nach dem Einlesen ausdrücklich ein Kommando der Art ABASIC oder BASICA gefolgt von RETURN einzugeben. Details hierzu entnehmen Sie am besten Ihrem Handbuch. Das soeben Gesagte beschreibt allerdings nur die Verhältnisse bei Tischrechnern; sollten Sie an einem Großrechner arbeiten, so liegen die Verhältnisse meist etwas anders. Hier müssen Sie normalerweise erst ein Codewort eingeben und die gewünschte Programmiersprache anwählen. Auch hier muß ich Sie auf Ihre Handbücher verweisen. Jetzt und in der Folge soll jedenfalls stets unterstellt werden, daß sich Ihr Rechner in der Betriebsart BASIC befindet.

1.1 Einführung

Als erstes wende ich mich nun der Frage zu, wie Sie mit dem Rechner kommunizieren können. Haupthilfsmittel für die Benutzereingabe ist die Eingabetastatur (keyboard). Diese sieht aus wie eine gewöhnliche Schreibmaschinentastatur, enthält aber auch noch weitere Tasten. Einige von ihnen, die auf fast jedem Rechner anzutreffen sind, wollen wir jetzt kurz besprechen:

ESC und CTRL:

Fast jedes keyboard verfügt über diese beiden Tasten. Sie dienen dazu, den Zeichenvorrat zu erweitern. Sie erhalten dadurch eine Bedeutung, daß man gleichzeitig mit ihnen eine oder mehrere weitere Tasten niederdrückt; diesen Sachverhalt kennen Sie bereits von der bei jeder Schreibmaschine anzutreffenden Shift-Taste, welche auf die Großschreibung oder auf ein zweites Zeichen umschaltet und erst im Zusammenhang mit einer anderen Taste eine Bedeutung erfährt. Die Kombination von CTRL oder ESC mit anderen Tasten führt im Normalfall zu Steuervorgängen. So kann es passieren, daß ein Ton erklingt oder der Bildschirm gelöscht wird; Sie können aber auch Pech haben, und Ihr Rechner stürzt ab. Seien Sie daher bei der Handhabung dieser Tasten insbesondere bei Großrechenanlagen vorsichtig, und erkundigen Sie sich vorher über ihre Wirkung. Schließlich sei angemerkt, daß solche Zeichenkombinationen bei manchen Rechnern auch zur Ausgabe von weiteren Symbolen wie ♡, ♠, ◇ oder ✢ führen können.

ALT:

Ähnlich wie ESC und CTRL macht diese Taste nur in Kombination mit anderen einen Sinn. ALT + Buchstabe führt zur Ausgabe eines entsprechenden BASIC-Schlüsselwortes; ALT + Zahl bewirkt die Ausgabe des gemäß dem ASCII-Code zu der Zahl gehörigen Zeichens (genaueres siehe S.14).

RETURN, EXECUTE oder ↵:

Alle Eingaben, die Sie machen, nimmt der Rechner erst dann verbindlich zur Kenntnis, wenn Sie die Taste mit einer der obigen Bezeichnungen gedrückt haben. Bis dahin können Sie ohne weiteres Korrekturen vornehmen.

→, ← , ↓ , ↑ :

Blicken Sie auf den Bildschirm, so fällt Ihnen sicher ein Lichtfleck auf. Dieser sogenannte Cursor markiert die Position, auf die das jeweils nächste Zeichen ausgegeben werden soll. Die vorliegenden Tasten dienen nun dazu, in naheliegender Weise diesen Cursor über den Bildschirm zu bewegen. Versuchen Sie es! Im allgemeinen wird dabei eine etwa vorhandene Eintragung nicht verändert. Verwechseln Sie diese Taste aber nicht mit einer eventuell vorhandenen Backspace-Taste, die den Cursor um eine Position zurücksetzt und die Eintragung löscht.

HOME, CTRL+HOME:
Hier sind die Verhältnisse nicht ganz einheitlich. Es kann sein, daß HOME den gesamten Bildschirm löscht, vielleicht wird aber auch lediglich der Cursor an den Anfang des Bildschirms bewegt; sollte letzteres der Fall sein, so löscht CTRL+HOME den Bildschirm.

DEL, INS, BACKSPACE:
Diese Tasten dienen der Korrektur von Eintragungen. DEL löscht im Normalfall das Zeichen, auf dem der Cursor gerade steht, BACKSPACE das unmittelbar links davon stehende. Wenn Sie dagegen auf INS drücken, so erhalten Sie die Möglichkeit, so lange Zeichen in einen bestehenden Text einzufügen, bis Sie diese Taste erneut betätigen. Während Sie das tun, können Sie am Bildschirm beobachten, wie der seither dastehende Text bei jeder weiteren Eingabe nach rechts verschoben wird.

STOP, BREAK:
Je nach Rechner bricht eine dieser Tasten die Ausführung eines Programms ab. Es handelt sich sozusagen um eine Art Notausstieg. Das Programm als solches bleibt erhalten.

RESET, CTRL+ALT+DEL:
Die Betätigung von dieser Taste bzw. Tastenkombination führt dazu, daß das Betriebssystem neu geladen wird; ein etwa gerade in der Ausführung befindliches Programm wird abgebrochen, und der Arbeitsspeicher wird gelöscht. Dieser Vorgang wird auch als Warmstart bezeichnet. (Bei manchen Rechnern wirkt RESET wie BREAK; der Warmstart wird dann durch CTRL+RESET ausgelöst.)

Sonderfunktionstasten:
Einige Rechner besitzen auch noch sogenannte Sonderfunktionstasten, deren Bedeutung vom Benutzer festgelegt werden kann. So kann man zum Beispiel erreichen, daß immer nach Betätigen einer solchen Taste das im Arbeitsspeicher befindliche Programm zur Ausführung gelangt.

Diejenigen Leser, die dem Rechner völlig fremd gegenüberstehen, seien ausdrücklich noch auf folgendes hingewiesen:

1) Achten Sie bei RETURN, ALT und dergleichen darauf, daß Sie wirklich die betreffende Taste betätigen müssen; es kommt keinesfalls auf dasselbe hinaus, wenn Sie die betreffenden Worte ausschreiben.
2) Unterscheiden Sie sorgfältig zwischen dem Buchstaben O und der Zahl 0. Jeder Rechner besitzt dafür zwei getrennte Tasten. Keinesfalls darf dabei die eine Taste die andere vertreten, denn

anders als bei Schreibmaschinen kommt es nicht primär auf das äußere Erscheinungsbild an, sondern darauf, wie die betreffende Größe weiter verarbeitet wird. Am Bildschirm erkennt man die Zahl 0 häufig daran, daß sie einen Querbalken trägt: Ø.
Ebenso dürfen Sie 1 und l nicht durcheinanderwerfen.

3) Wenn Sie aus Versehen auf CTRL statt auf SHIFT gedrückt haben, so sollten Sie tunlichst die betreffende Zeile oder jedenfalls die letzten zwei, drei Zeichen erneut schreiben. Auch dann, wenn Sie am Bildschirm keine Reaktion sehen, kann der Rechner sich den falschen Tastendruck gemerkt haben und später entsprechend reagieren. Dennoch wird womöglich ein nach außen hin korrektes Programmlisting ausgegeben, da die Steuerzeichen nicht sichtbar sind. Fehler, die auf solchen Effekten beruhen, sind nur sehr schwer aufzuspüren. Dies gilt auch für ähnliche Situationen, wie versehentliches Betätigen von ESC und dgl.

Nun kann die eigentliche Arbeit losgehen!

1.2 Die Grundrechenarten

In diesem Abschnitt sehen wir uns an, wie die Grundrechenarten durchgeführt werden können. Im einzelnen kennt die Programmiersprache BASIC folgende Rechenoperationen:

- \+ Addition
- \- Subtraktion
- * Multiplikation
- / Division
- ↑ Potenzierung

Beachten Sie bitte, daß der Rechner weder mit einem Malpunkt noch mit einem Doppelpunkt (als Divisionssymbol) etwas anfangen kann. Ebenso kann Potenzieren nur durch den Operator ↑ und keinesfalls durch eine durch geeignete Cursor-Manipulationen erreichte "Hochschreibweise" erzwungen werden.

Bemerkung:

Manche Computer verfügen über die bisher besprochenen Operationen hinaus auch noch über die Möglichkeit zur Durchführung einer ganzzahligen Division mit Rest. Dabei liefern:

MOD den Divisionsrest
\ den ganzzahligen Anteil

Beispiel:

```
25 MOD 3 = 1
25 \ 3   = 8
```

Beim IBM-PC fehlt das Zeichen \ auf der Tastatur; Sie können es erzeugen, indem Sie mit der linken Hand ALT niedergedrückt halten und mit der rechten Hand auf dem rechten Ziffernfeld die Zahl 92 eintasten. Lassen Sie los, so erscheint \ . Beachten Sie bitte, daß es nicht auf dasselbe herauskommt, wenn Sie die Ziffern der oberen Tastenreihe verwenden!

Wir wollen jetzt versuchen, den Rechner zu einer Addition zu bewegen. Am einfachsten wäre es natürlich,

```
3 + 4
```

oder

```
3 + 4 =
```

gefolgt von RETURN einzugeben, in der Hoffnung, daß der Rechner mit 7 antwortet. Dies wird allerdings nicht der Fall sein; entweder reagiert er gar nicht, oder er meldet sich mit der Feststellung "Syntax Error in 3" (dies liegt daran, daß er unsere Eingabe als Versuch wertet, eine Programmzeile mit der Nummer 3 anzulegen). Wir müssen dem Rechner stattdessen befehlen, das Ergebnis der Rechnung auf den Schirm zu schreiben. Da BASIC in Amerika entwickelt wurde, geschieht dies mit dem englischen Befehl PRINT. Es ergibt sich dann folgender Dialog:

```
PRINT 3 + 4
 7
```

Vielleicht passiert aber auch gar nichts. Der Rechner nimmt Ihre Anweisung nämlich nur dann zur Kenntnis, wenn Sie sie ihm ausdrücklich durch Betätigen von RETURN oder einer vergleichbaren Taste übergeben haben. Geschieht dies nicht, so wartet der Cursor hinter dem letzten Zeichen auf eine weitere Eingabe. Das kann der Hersteller auch nicht anders regeln. Stellen Sie sich vor, der Rechner würde die Anweisung PRINT 3 + 4 sofort ausführen, Sie dagegen wollten PRINT 3 + 42 eingeben! Da dies generell so ist, verzichte ich in der Folge darauf, eigens auf diesen Sachverhalt hinzuweisen.

Für die anderen Operationen ergibt sich entsprechend:

```
PRINT 3 - 4
-1
PRINT 3 * 4
 12
PRINT 3 / 4
 .75
PRINT 3 ↑ 4
 81
```

Hierbei fällt zweierlei auf:
Zum einen rückt der Rechner positive Zahlen immer um eine Position nach rechts. Hier läßt er offenbar Platz für ein möglicherweise auftretendes Vorzeichen; vergleichen Sie hierzu die Situation bei der Subtraktion.
Besonders auffällig aber ist das Ergebnis bei der Division; hier antwortet der Rechner nicht wie erwartet mit 0,75, sondern mit .75. Daran müssen Sie sich gewöhnen. Im angelsächsischen Sprachbereich wird das Dezimalkomma durch den Dezimalpunkt ersetzt, und es ist eine Eigenheit der meisten Computer, eine führende 0 zu unterdrükken.

Bemerkung:

Manche Rechner geben als Ergebnis der Division auch nicht den exakten Wert .75, sondern .7499999 aus. Dies liegt an der Art, wie Zahlen intern im Computer dargestellt werden und muß in manchen Fällen ausdrücklich beachtet werden (vgl. S.63).

Als nächstes prüfen wir, was bei der Eingabe von Dezimalbrüchen passiert:

```
PRINT 0.5 + 1
 1.5
PRINT 0,5 + 1
 0       6
PRINT ,5 + 1
         6
```

Während der erste Versuch unseren Erwartungen gerecht wird, sind die Resultate der beiden folgenden verblüffend. Offenbar ist es nicht nur so, daß der Rechner die Annahme eines Dezimalkommas verweigert; mehr noch, er faßt das Komma als Trennzeichen auf und schreibt zuerst die 0 hin und danach die Summe aus 5 und 1. Dabei läßt er offensichtlich einigen Platz frei. Wieviel das ist, ist von Rechner zu Rechner verschieden. Sie können sich das so vorstellen, daß der Computer vorab eine Reihe von zumeist gleichabständigen Tabulatorpositionen kennt; hier im Buch soll unterstellt werden, daß diese im Abstand 8 aufeinanderfolgen (in der Praxis dürfte dieser Wert größer sein). Steht nun in der Ausgabeliste ein Komma, so wird gemäß folgender Regel verfahren:

Steht zwischen zwei auszugebenden Größen ein Komma, so erfolgt die Ausgabe der zweiten ab der nächsten Tabulatorposition.

Wir erhalten beispielsweise:

```
PRINT 3,4
 3       4
```

```
PRINT 1+5,   2*4
 6      8
```

Das letzte Beispiel zeigt uns darüber hinaus noch, daß Leerzeichen in diesem Zusammenhang völlig ignoriert werden. In der Tat erhalten wir:

```
PRINT 1+5, 4
 6      4
PRINT 1 +     5,4
 6      4
PRINT 1         +     5    ,              4
 6      4
```

Dies gilt im übrigen auch in folgendem Zusammenhang:

```
PRINT 10 100 - 20
 10080
PRINT 1 0 1 00-2    0
 10080
```

Das dürfte manchmal eine Erleichterung bei der Eingabe darstellen, denn so können große Zahlen aus optischen Gründen aufgegliedert werden; z.B. kann man 10000000 durch 10 000 000 ersetzen.

Schließlich sei noch darauf hingewiesen, daß auch mehrere Kommata zusammentreten können und daß Kommata vor den Zahlen stehen können:

```
PRINT ,4
        4
PRINT 3,,5
 3               5
```

Jedes Komma bewirkt also für sich einen Tabulatorsprung.

Will man Zahlen unmittelbar hintereinander ausgeben, so kann man sich auf folgende Regel stützen:

> Steht zwischen zwei auszugebenden Größen ein Semikolon, so werden sie unmittelbar hintereinander ausgegeben.

Beispiele:

```
PRINT 3;4
 3  4
PRINT 3*4;3+4
 12  7
```

Es fällt auf, daß nicht nur ein vorzeichenbedingtes Leerzeichen zwischen den Zahlen steht, sondern noch ein zusätzliches. Dies ist auch sehr vernünftig, denn so erhält man:

```
PRINT 3;-4
 3 -4
```

und nicht etwa

```
3-4
```

was zu Mißverständnissen Anlaß geben könnte.
Ansonsten gelten dieselben Anmerkungen wie bei den Kommata; auch sind Kopplungen mit diesen möglich:

```
PRINT 2,3;5
 2        3  5
```

Taschenrechner können natürlich nicht nur die Grundoperationen ausführen. Beispielsweise stehen meist einige elementare Funktionen zur Verfügung. Dies ist in BASIC nicht anders. Eine Liste der normalerweise verfügbaren Funktionen finden Sie im Anhang auf S.214ff. Mit diesen Funktionen können Sie ganz normal hantieren. Ungewöhnlich sind allenfalls gewisse Schreibweisen wie etwa SQR für die Quadratwurzel, die sich vom englischen Wort "square root" ableitet. Der Aufruf dieser Funktionen ist ganz unproblematisch:

```
PRINT SQR(16)
 4
PRINT EXP(1)
 2.718283
```

Denkbar sind aber auch

```
PRINT LOG(4-3)
 0
PRINT SQR(2)*SQR(2)
 2
PRINT 3+COS(0)
 4
```

Im letzten Beispiel war es gleichgültig, ob das Argument von COS als Gradmaß oder als Bogenmaß aufgefaßt wurde; im allgemeinen freilich hat man darauf zu achten. Ein kleiner Versuch soll uns Aufklärung verschaffen:

```
PRINT SIN(3.14159)
 0
PRINT SIN(3)
 .14112
```

Offensichtlich sind die Argumente also im Bogenmaß hinzuschreiben (beachten Sie, daß $\pi = 3.14159..$).

Bemerkung:

Wir haben die Funktionsnamen hier immer groß geschrieben; dies wird bei den meisten Rechnern nicht erforderlich sein. Ebenso dürfte es häufig gleichgültig sein, ob Sie PRINT, print oder gar pRInT schreiben. Probieren Sie das bei Ihrem Rechner aus!

Besonders verweisen möchten wir an dieser Stelle auf die Funktion INT ("integer function"), die ihrem Argument x die größte ganze Zahl kleiner gleich x zuordnet; vielleicht kennen Sie auch die Schreibweise INT(x) = [x]. Wir haben somit:

```
PRINT INT(3.2)
 3
PRINT INT(4)
 4
PRINT INT(3.9)
 3
PRINT INT(-3.2)
-4
```

Verwechseln Sie die INT-Funktion nicht mit einer Vorschrift zum Runden; das dritte Beispiel verdeutlicht den Unterschied. Falls Sie im übrigen das Resultat der letzten Rechnung wundert, sollten Sie sich die Verhältnisse am Zahlenstrahl vergegenwärtigen.

Wir beschließen diesen Abschnitt mit dem Hinweis darauf, daß die Vokabel PRINT auf Grund ihres häufigen Auftretens bei vielen Rechnern durch die Eingabe eines Fragezeichens ersetzt werden kann. Somit sind also die Schreibweisen

```
PRINT 3*4
```

und

```
?3*4
```

gleichwertig. Wir werden in der Folge oft von dieser vereinfachenden Konvention Gebrauch machen. Sollte Ihr Rechner nicht über diese Möglichkeit verfügen, so müssen Sie an den betreffenden Stellen einfach PRINT schreiben.

Übungsaufgabe:

1.1 Was druckt der Rechner nach folgenden Anweisungen:

```
a) PRINT 3;4;-5        b) PRINT 4,5;6
c) PRINT ,,-3
```

1.3 Die Darstellungsformen für Zahlen

In diesem Abschnitt wollen wir der Frage nachgehen, wie Zahlen in BASIC dargestellt werden können. Eine Feststellung haben wir bereits getroffen, nämlich die, daß der Dezimalpunkt an die Stelle des Dezimalkommas tritt. Ferner ist Ihnen sicher aufgefallen, daß der Rechner jeden Dezimalbruch, der nicht zufällig "aufgeht", nach einer bestimmten anlagenspezifischen Stellenzahl abbricht. Dies ist klar,

denn ein Computer kann natürlich nur mit einer endlichen Stellengenauigkeit arbeiten. Ebenso können nicht beliebig große Zahlen dargestellt werden.
Was passiert nun aber, wenn diese Genauigkeitsschranke über- oder unterschritten wird? Zu unserer Orientierung führen wir auf einem Rechner, der auf 7 Stellen genau arbeitet, folgende Multiplikation durch:

```
? 1000000 * 1000000
 1E12
```

Anstelle des Ausdrucks 1000000000000 hat der Computer also 1E12 ausgegeben. Wie ist dies zu interpretieren?
Es handelt sich hierbei um eine Schreibweise, die in den Naturwissenschaften weit verbreitet ist. Bekanntlich treten in der Astronomie oft sehr, sehr große Zahlen auf. So ist beispielsweise das Lichtjahr, also die Strecke, die das Licht in einem Jahr zurücklegt, annähernd gleich

LJ = 9 406 500 000 000 000 m.

Andererseits gilt für den Atomdurchmesser näherungsweise:

AD = 0.000 000 000 106 m.

Um mit diesen Zahlen arbeiten zu können, ist es sinnvoll, sie durch geeignete Zehnerpotenzen auszudrücken. So ist

$LJ = 9.4065 * 10^{+15}$ m ;

$AD = 1.06 * 10^{-10}$ m .

Diese Darstellung von Zahlen nennt man die Gleitkommaschreibweise (im Gegensatz zur vertrauten Festkommadarstellung). Sie wird mitunter auch dann verwendet, wenn man die Genauigkeit einer Messung beschreiben möchte. Wenn ich Ihnen sage, der Abstand zwischen zwei Geländepunkten betrage 150m, wissen Sie nicht eindeutig, wie genau diese Angabe ist. Sage ich Ihnen dagegen, der Abstand betrage $1.50*10^2$m, so wissen Sie, daß die letzte 0 gemessen wurde.

Auch BASIC kennt die Gleitkommaschreibweise; da es aber nicht möglich ist, mit Hochzahlen zu arbeiten, wird die Zahl 10 durch den Buchstaben E ersetzt. Man schreibt also 9.4065E15 bzw. 1.06E-10 anstelle von $9.4065 * 10^{+15}$ bzw. $1.06 * 10^{-10}$. Beachten Sie, daß hierbei kein Multiplikationssymbol zu setzen ist.
An dieser Stelle sollen für mathematisch nicht so versierte Leser einige Beispiele eingestreut werden; beachten Sie bitte, daß die Zehnerpotenz regelt, wieviele Stellen die Zahl vor bzw. nach dem Komma hat:

Festkommadarst.	Gleitkommadarst.	BASIC
10 000 000	$1*10^7$	1E7
162 230 100	$1.622301 * 10^8$	1.622301E8
0.025	$2.5 * 10^{-2}$	2.5E-2
.000000003	$3 * 10^{-9}$	3E-9

Treten mehr "geltende" Stellen auf als der Rechner zur Verfügung stellt, so wird auf die betreffende Stellenzahl gerundet. Bei siebenstelliger Genauigkeit ergibt sich somit:

```
12345678      wird zu     1.234568E7  ;
.12345678     wird zu     1.234568E-1  .
```

Natürlich können derartige Zahldarstellungen auch als Eingaben verwendet werden:

```
? 2E5 * 3E4
 6E9
? 1.234E8 + 1.234E7
 1.3574E8
? 8E8/4E4
 20000
```

Manche Rechner geben als Ergebnis einer Operation, an der mindestens eine Gleitkommazahl beteiligt ist, stets eine Gleitkommazahl aus. Im zuletzt aufgeführten Beispiel könnte das Ergebnis daher auch 2E4 oder ähnlich lauten.
Gibt der Rechner selbst eine Gleitkommazahl aus, so geschieht dies zumeist so, daß die Zahl vor dem "E" betragsmäßig zwischen 1 und 10 liegt. Bei der Eingabe sind Sie allerdings nicht an diese Einschränkung gebunden:

```
? 23E4 * 23E2
 5.29E8
```

Weitere Feinheiten, z.B. ob 1.E5 oder E10 als Zahlen akzeptiert werden, entnehmen Sie am besten Ihrem Handbuch, oder Sie probieren es selbst aus.
Schließlich ist darauf hinzuweisen, daß es trotz der Gleitkommadarstellung eine anlagenspezifische Höchstzahl gibt, die nicht überschritten werden kann; sollte das Ergebnis einer Rechnung größer sein als dieser Wert, so wehrt sich die Maschine durch die Ausgabe eines Überlauffehlers (OVERFLOW ERROR). In gleicher Weise gibt es eine computerspezifische kleinste positive Zahl; deren Unterschreitung führt allerdings im Normalfall nicht zu einem Fehler, sondern dazu, daß der Rechner die betreffende Zahl als 0 interpretiert.

Abschließend möchte ich noch eine gefährliche Fehlerquelle aufzeigen:

```
? 1E10 + 1 - 1E10
 0
```

Dieses Ergebnis ist offensichtlich falsch, denn es müßte ja 1 herauskommen. Die Frage ist, wie es zustande kommt. Die Antwort darauf ist ganz einfach. Unser Modellrechner arbeitet nur auf 7 Stellen genau; daher kann die Zahl 1 nicht in korrekter Weise zu 1E10 hinzuaddiert werden, und man erhält folgendes Zwischenergebnis:

```
? 1E10 + 1
 1E10
```

Führt man anschließend wie gefordert die Subtraktion von 1E10 durch, so kommt natürlich 0 heraus. Fehler, die auf derartigen Effekten beruhen, sind nur sehr schwer aufzuspüren. Bei Rechnungen, bei denen Zahlen von stark unterschiedlicher Größenordnung auftreten, sind sie sehr häufig anzutreffen. Das Tückische an ihnen ist, daß sie ohne besondere äußere Vorwarnung zu völlig falschen Befunden führen können. Passen Sie daher in derartigen Fällen immer gut auf.

Übungsaufgaben:

1.2 Schreiben Sie als Gleitkommazahl in BASIC (der Rechner arbeite auf 7 Stellen genau):
   a) 12340000   b) 12.305   c) 86400   d) 987654321
   e) -0.00000123   f) 12345.6789

1.3 Schreiben Sie als Festkommazahl:
   a) 1234E6   b) 23E-5   d) 2678E-2

1.4 Die Prioritätsregeln

Bisher haben wir uns nur mit dem Fall auseinandergesetzt, daß die auftretenden Rechenoperationen relativ unkompliziert waren. In der Praxis hat man es allerdings oft mit verwickelteren Ausdrücken zu tun. Mit diesen beschäftigen wir uns im folgenden Abschnitt.

Unkompliziert sind folgende Beispiele:

```
? 2 + 4 - 6
 0
? 3*4/2
 6
? 36/3/4/2
 1.5
```

Anzumerken ist hier nur, daß im letzten Beispiel keine Doppel- oder Mehrfachbrüche gebildet werden, sondern einfach alles von links nach rechts abgearbeitet wird. Entsprechendes gilt auch für die Potenzierung. Wir haben somit:

```
? 3 ↑ 2 ↑ 3
 729
```

Der Rechner bildet also 9^3 und nicht, wie man vielleicht denken könnte, 3^8.

Schwieriger wird es, wenn verschiedenartige Operationen aufeinandertreffen. Hier gilt die aus der Schule bekannte Regel "Punkt vor Strich". Außerdem wird die Potenzierung gegebenenfalls zuerst ausgeführt. Dies führt zu:

```
? 3*4+5
 17
? 4 + 8/2 + 4
 12
? 2↑3*5
 40
? 4/2↑3/2
 .25
? 4+16*2↑2
 68
```

Diese Vorschrift findet auch dann Anwendung, wenn ein Minuszeichen lediglich die Funktion eines Vorzeichens hat:

```
? -3*4
-12
? -3↑2
-9
```

Schreibformen der Art

```
?3*-4
```

sind wie in der Mathematik verboten.

Will man von diesen Standardfestsetzungen abweichen, so muß man wie in der Mathematik üblich die Klammerschreibweise verwenden:

```
? (2+4)/(7*2-2)
 .5
? 2↑(1/2)
 1.414214
? 2↑1/2
 1
? 1/(2*5)
 .1
? 1/2*5
 2.5
? (4*2)/(2*3)
 1.333333
```

Übrigens ist die Beklammerung des ersten Produkts im letzten Beispiel überflüssig; wie Sie sehen, kann es also nicht schaden, ein Klammerpaar zuviel anzubringen. Manchmal dient dies der Verdeutlichung. Übrigens könnte man dieses Beispiel auch so abfassen:

```
? 4*2/2/3
 1.333333
```

Klammern können auch ineinandergeschachtelt sein:

```
? (2*(5-3.14))↑2
 13.8384
```

Sie müssen aber auf alle Fälle stets runde Klammern benützen. Die in der Praxis gängige Verwendung von unterschiedlichen Klammertypen ist auch dann unzulässig, wenn Sie diese auf der Eingabetastatur vorfinden.

Schließlich sei darauf hingewiesen, daß ein Funktionsaufruf wie eine Klammer wirkt:

```
? 3*SQR(19-3)
 12
```

Zusammengefaßt erhalten wir damit folgende vorläufige Fassung der Prioritätsregeln (vgl. S.59):

1) Operationen im Innern von runden Klammern werden bevorzugt ausgeführt. Funktionsnamen binden wie Klammern.
2) Zuerst wird gegebenenfalls potenziert, dann multipliziert bzw. dividiert, zuletzt wird addiert bzw. subtrahiert.
3) Gleichartige Operationen werden von links nach rechts durchgeführt.

Übungsaufgaben:

1.4 Geben Sie die Ergebnisse von folgenden Rechnungen an:

a) 4+8/2*4   b) (1-(2*(3+4))/4)*2   c) 2↑3↑-2

d) 36/2*3   e) 1+6/3↑2

1.5 Formulieren Sie in BASIC:

a) $\frac{4-5}{3*2}$

b) $\frac{1+4*3}{5+2*7}$

c) $\left(\frac{4}{5}\right)^2$

d) $\sqrt[4]{5-2*3.14}$

1.5 Die Verwendung von Speichern

Wer schon mit einem Taschenrechner gearbeitet hat, weiß, daß die meisten Modelle das Abspeichern von Zwischenergebnissen zulassen. Dies ist bei einem Computer natürlich nicht anders. Damit wollen wir uns in diesem Paragraphen näher auseinandersetzen.
Wir starten mit einem besonders einfachen Beispiel:

```
A = 3
?A
 3
```

Offenbar bewirkt die erste Anweisung, daß der Rechner den Wert 3 in einem Speicher namens A ablegt; man spricht von einer Wertzuweisung. Wo sich dieser Speicherplatz im Rechner befindet, ist dabei für uns ohne Bedeutung. Wenn man den abgespeicherten Wert ansprechen will, muß man einfach den Speichernamen aufrufen. Ein weiteres Beispiel mag dies verdeutlichen:

```
A = 4
B = -5
? A*B
-20
```

Wie Sie sehen, können Sie mit Speichern oder besser gesagt ihren momentanen Inhalten also ohne weiteres rechnen; im Hinblick auf die mathematische Analogie spricht man daher von Variablen. Vergessen Sie allerdings nicht den Multiplikationspunkt. Er ist wesentlich, wie das folgende Beispiel zeigt:

```
A = 4
B = -5
? AB
 0
```

Was ist passiert? Nun, der Computer hat ganz einfach den Inhalt eines Speichers mit dem Namen AB eingelesen; da diesem bisher kein Inhalt zugewiesen worden ist, wird der Pauschalwert 0 ausgegeben.

Durch das letzte Beispiel wird die Frage aufgeworfen, was für Speichernamen eigentlich zulässig sind. Prinzipiell ist es so, daß jede beliebige Zusammenstellung von Buchstaben und Ziffern, die mit einem Buchstaben beginnt, als Name zulässig ist. Beachten muß man dabei freilich, daß die Umlaute sowie der Buchstabe ß aus amerikanischer Sicht keine Buchstaben sind. Außerdem sind tiefgestellte Indizes und dergleichen verboten; alles muß in einer Zeile bleiben.

Gültige Namen sind somit:

HANS ; K2R ; NR3 ; A1 ; Maikaefer .

Keine Namen sind dagegen:

007 ; Maikäfer ; PH-Wert ; Wilfried Fischer .

Vielleicht wundern Sie sich darüber, daß das Leerzeichen ␣ nicht Bestandteil eines Namens sein kann. Dies hat einfach den Grund, daß es zur Abgrenzung verschiedener Terme untereinander gebraucht wird. Sonst müßte man ja davon ausgehen, daß die Anweisung

? A * B

die Multiplikation der Werte von zwei Speichern mit den Namen A␣ bzw. ␣B erfordert. Somit wäre man einer wirksamen Hilfe zur optischen Gliederung beraubt (als Ersatz für das verbotene Leerzeichen ist bei manchen Rechnern das Symbol _ oder der Punkt . zulässig). Schließlich sei darauf hingewiesen, daß manche BASIC-Versionen die Verwendung von Kleinbuchstaben in Namen ausschließen. Ebenso gibt es leider noch Rechner, bei denen Namen nur aus höchstens zwei Buchstaben oder einem Buchstaben gefolgt von einer Ziffer bestehen dürfen.

Bemerkung:

Manche Computer verbieten auch, daß Namen irgendeines der auf S.213 wiedergegebenen Wortsymbole enthalten. Ein Name der Art VORZEICHEN wäre demnach unzulässig, weil er das Wort OR enthält.

Nachdem wir nun die Frage, was alles ein Name ist, geklärt haben, stellt sich das Problem, welche Namen vom Rechner als verschieden aufgefaßt werden sollen. Hier ist die Situation leider nicht einheitlich; man kann sich mindestens darauf verlassen, daß der Rechner Namen als verschieden ansieht, die sich in den ersten beiden Zeichen unterscheiden. Der Norm-Entwurf für BASIC fordert allerdings weit mehr, nämlich, daß die ersten 31 Zeichen zur Klärung eines Unterschieds heranzuziehen sind. Zu welcher Kategorie Ihr Rechner gehört, können Sie zum Beispiel mit folgendem Experiment testen:

```
NUMMER = 15
NULL = 0
? NUMMER
```

Je nachdem, welcher Rechnertypus vorliegt, wird 15 oder 0 ausgegeben. Im letzteren Fall ergibt sich daraus natürlich eine enorme Fehlerquelle, weil auf derartigen Effekten beruhende Fehler später nur sehr schwer aufzuspüren sind. Man steht dann vor dem Dilemma, ob man der Wahl von sinnvollen Namen, die in enger Beziehung zu der im betreffenden Speicher abgelegten Größe stehen, den Vorzug geben oder ob man lieber nur aus zwei Zeichen bestehende Namen wählen soll, um nicht in oben beschriebene Falle zu tappen.

Kein Unterschied wird dagegen im allgemeinen zwischen der Verwendung von Groß- und Kleinbuchstaben gemacht. So erhält man:

```
Nummer = 12
NUMMER = 24
? Nummer
 24
```

Als nächstes wollen wir uns näher damit befassen, auf welche Weise die Wertzuweisung an Speicher vorgenommen werden kann. Bisher war es stets so, daß wir den Speichernamen auf die linke Seite eines Gleichheitszeichens geschrieben haben; das ist auch zwingend so vorgeschrieben. Demnach sind folgende Wertzuweisungen ungültig:

```
3 = A  ;  4*6 = A
```

In beiden Fällen versucht der Rechner, wie wir später sehen werden, eine Programmzeile mit der Nummer 3 bzw. 4 anzulegen; dies führt zu einer Fehlermeldung.
Die letzten Ausführungen zeigen deutlich, daß es sich bei Wertzuweisungen um keine Gleichungen handelt; die beiden Seiten der "Gleichung" sind ja alles andere als gleichberechtigt. Als weitere Konsequenz ergibt sich daraus, daß auf der linken Seite nur der anzusprechende Speichername stehen darf und keinesfalls ein Ausdruck, den der Rechner erst nach dem Speichernamen auflösen muß (wie sollte er das im allgemeinen auch machen?). Ihr Computer wird also bei Wertzuweisungsversuchen der Art

```
3 + A = 14
SQR(A) = 10
```

immer streiken.

Bemerkung:

Die meisten BASIC-Versionen erlauben allerdings, daß vor den Speichernamen noch die englische Vokabel LET gesetzt wird. Diese war früher bei Wertzuweisungen obligatorisch. Man schrieb also LET A = 3 und nicht einfach A = 3. Heute darf LET in aller Regel entfallen.

Während auf der linken Seite der Wertzuweisung also nur ein Speichername stehen darf, können auf der rechten Seite beliebige Ausdrücke aus Zahlen, Funktionsaufrufen und Speichern auftreten. Da Wertzuweisungen für die Folge besonders wichtig sind, wollen wir sie an einigen Beispielen üben:

1)
```
A = 10
B = 20
A = B
? A,B
 20      20
```

Die dritte Anweisung von oben bewirkte, daß der Speicherinhalt von B auch noch in A abgelegt wurde.

2)
```
A = 12
B = 5
C = SQR(A*A + B*B)
? A,B,C
 12       5       13
```

3)
```
A = 5
A = A + 1
? A
 6
A = A*A
? A
 36
```

Gerade dieses Beispiel belegt erneut in eindrucksvoller Weise, daß Wertzuweisungen keine Gleichungen sind. In der Tat sieht man ja auf den ersten Blick, daß die mathematische Gleichung A = A+1 unlösbar ist. Die Wertzuweisung A = A+1 dagegen besagt einfach, daß im Speicher A der um 1 vermehrte bisherige Inhalt von A abgelegt werden soll. Von dieser Möglichkeit werden wir in der Folge des öfteren Gebrauch machen. Zum einen wird dies programmiertechnisch geschickt sein, zum anderen hilft es, Speicherplätze zu sparen, ein Aspekt, dessen Wichtigkeit den Benutzern von Taschenrechnern mit nur ganz wenigen Speichern nicht neu sein wird.

Für das Weitere ist es wesentlich, daß Sie in der Lage sind, komplizierte Ausdrücke in korrekter BASIC-Notation wiederzugeben; sicher haben Sie ja auch bisher schon bemerkt, daß einige Unterschiede zur gewohnten Schreibweise auftreten. Ich stelle daher für eine Reihe von Termen die mathematische Schreibweise und die BASIC-Notation einander gegenüber:

Math. Schreibweise:	BASIC-Notation:
$3x^2 + 7x - 15$	3*X*X + 7*X - 15
$\sin\sqrt{1-x}$	SIN(SQR(1-X))
$\frac{a+b}{a-b}$	(A+B)/(A-B)
$\sqrt{a^2+b^2}$	SQR(A*A+B*B) bzw. SQR(A↑2+B↑2)
$ax^2 + bxy + cy^2$	A*X↑2 + B*X*Y + C*Y↑2
$2 \sin\frac{a+b}{2} \cos\frac{a-b}{2}$	2*SIN((A+B)/2)*COS((A-B)/2)
$\frac{-b+\sqrt{b^2-4ac}}{2a}$	(-B + SQR(B↑2-4*A*C))/2/A
$\sqrt[3]{4+ab}$	(4+A*B)↑(1/3)
x^{n-1}	X↑(N-1)

Schließlich wollen wir noch eine Vereinfachung der Schreibweise besprechen. Bisher haben wir jede Anweisung in eine neue Zeile geschrieben. Das wäre nicht nötig gewesen, denn BASIC erlaubt es uns, mehrere Anweisungen durch Doppelpunkte getrennt hintereinander zu schreiben. So erhält man zum Beispiel:

```
    A = 3 : B = 4 : ? A + B, A - B
     7      -1
```

So etwas nennt man ein Mehrfach-Statement.

Bemerkung:

Manche Rechner verwenden als Trennsymbol an Stelle des Doppelpunkts das Zeichen "\".

Weitere Beispiele:

```
    A = 3 : B = -2
    ?,A: ?B,: ?A-B
              3
    -2        5
    ? ,,A: ?: ?B; :?A
                        3

    -2  3
```

Als letzte Übung wollen wir nun eine Reihe von Speicheroperationen durchführen und immer notieren, welche Werte jeweils unter den Namen X, Y und Z abgelegt sind:

	X	Y	Z
X = 2 : Y = 1	2	1	0
X = Y : Y = X	1	1	0
X = X+2 : X = X+1	4	1	0
X = 2*X+Y: Y = X+1	9	10	0
X = X+1: Y=Y+X	10	20	0
X = 10 : Y = 20	10	20	0
X = X+1: Z = X+Y	11	20	31
Y = 4-Z: X = 2*X : X=X-Y	49	-27	31
Z = X+Y-Z	49	-27	-9
Y = X+Y : X=Y : Z = 2*Y	22	22	44
X = Z : Z = X	44	22	44

Es ist sehr wichtig für das folgende, daß Sie sich diesen Datenfluß theoretisch klarmachen können!

Übungsaufgaben:

1.6 Welche der folgenden Ausdrücke sind zulässige Namen:
a) Nr1 b) PLZ/Stadt c) E2D2 d) GOLDFINGER
e) A2.3 f) 1A g) Übung

1.7 Welche der folgenden Wertzuweisungen sind korrekt:
a) AB = A-B b) 3*A = B c) LET C1 = 14E7
d) 1/A = 4

1.8 Geben Sie nach jeder Zeile die Belegung der Speicher X, Y und Z an:

```
X = 5 : Z = 1
Y = X-Z : X = 2*Y - 3*Z
Y = Y+1 : Z = Y-1 : X = Z+Y
Z = X : X = 4 : Y = X+Z : Z = X-Z
X = Y: Y = Z: Z = X : X = Y
```

Lösen Sie diese Aufgabe theoretisch und nicht durch Probieren am Rechner.

1.9 Geben Sie die BASIC-Notation für folgende Ausdrücke an:
a) $a^2 + 2ab + b^2$
b) $\sqrt{(x_1 - y_1)^2 + (x_2 - y_2)^2}$
c) $a\sin(\omega t + \varphi)$
d) $a_{11} x_1 + a_{22} x_2$
e) 2^{-x^2}

1.6 Das Arbeiten mit Texten

Bisher haben wir uns nur mit Rechenvorgängen beschäftigt. Vielfach wird man aber auch daran interessiert sein, mit Texten zu arbeiten. Das erste Problem dabei ist, Texte auszugeben. Die Frage ist nur, wie man den Rechner dazu bewegen kann. Eines ist klar: Mit

```
? TEXT
```

kommen wir nicht ans Ziel, denn dann sucht der Computer, was er unter dem Namen TEXT abgespeichert hat. Wahrscheinlich führt dies dazu, daß die Zahl 0 ausgedruckt wird.
Des Rätsels Lösung ist ganz einfach: Wenn wir eine beliebige Zeichenfolge umrahmt von Anführungsstrichen eingeben, so wird sie so ausgedruckt, wie sie dasteht. Die Anführungszeichen wirken als Text-

begrenzer und signalisieren dem Rechner, daß kein Speichername, sondern Klartext kommt. Es muß sich dabei um keinen Text im üblichen Sinne handeln; vielmehr können ganz beliebige Zeichenkombinationen auftreten. Daher hat man einen neuen Oberbegriff geprägt und nennt derartige Zeichenfolgen Strings.

Beispiele:

```
? "Die Nullstellen lauten:"
Die Nullstellen lauten:
? "Ich spiele gerne Skat, Doppelkopf, Bridge und Schafkopf."
Ich spiele gerne Skat, Doppelkopf, Bridge und Schafkopf.
? "14*3-12"
14*3-12
? "***** HALLO *****"
***** HALLO *****
? "/()!%& &"
/()!%& &
```


Wir ersehen aus den Beispielen, daß der Rechner weder auf Kommata noch auf irgendwelche Rechenvorschriften reagiert, wenn sie innerhalb von Anführungsstrichen stehen. Es wird stets ausgegeben, was dasteht, ohne Rücksicht auf eventuelle inhaltliche Bedeutungen. Auch die Leerzeichen im Umfeld von "Zahlen" entfallen; auch sie werden ja als Texte aufgefaßt. Die Anführungsstriche werden nicht mit ausgegeben; sie dienen ja nur zur Abgrenzung.

Will man eine Formatierung durch Kommata oder Semikolons vornehmen, so muß man dies außerhalb der Anführungsstriche tun:

```
? "Carl","Imhof","Illerkirchberg"
Carl     Imhof    Illerkirchberg
? "Werner";"Floer"
WernerFloer
```

Und zur Verdeutlichung des Unterschieds:

```
? "14";"21"
1421
? 14;21
 14  21
```

Sie haben gesehen, daß die Anführungsstriche nicht mitgeschrieben werden. Manchmal möchte man dies aber erzwingen, z.B. wenn man eine direkte Rede wiedergeben möchte. In diesem Fall hat man nur so vorzugehen, daß man die betreffenden Anführungszeichen doppelt hinschreibt (allerdings ist dies nicht bei allen Rechnern möglich).
Beispiel:

```
? "Er sagte:""Ich spiele Laub sticht."""
Er sagte:"Ich spiele Laub sticht."
```

Als nächstes wollen wir versuchen, ob wir Zeichenketten auch abspeichern können. Der naheliegende Versuch

```
A = "Text"
```

führt zu einer Fehlermeldung (meist wird TYPE MISMATCH ERROR ausgegeben). Offenbar kennt BASIC also mindestens zwei Datentypen, nämlich Zahlen und Strings. Will man daher eine Zeichenkette abspeichern, so muß man dies bei der Benennung des Speichers gleich angeben. Hier ist die Regelung getroffen worden, daß gültige Speichernamen für Strings dadurch entstehen, daß man an einen gewöhnlichen Speichernamen ein Dollarzeichen anhängt. Gültige Namen wären somit:

```
TEST$  ;  K2R$
```

Im Unterschied zu gewöhnlichen Variablen spricht man dann von Text- oder Stringvariablen.

Beispiele:

```
A$ = "Carl": B$ = "Imhof"
? A$: ?B$
Carl
Imhof
? A$,B$
Carl    Imhof
? A$;B$
CarlImhof
```

Wie Sie sehen ergibt sich nichts Neues. Als nächstes wollen wir versuchen, ob wir Zahlen in String-Speichern ablegen können:

```
A$ = 13
TYPE MISMATCH ERROR
```

So geht es also nicht; möglich ist freilich folgende Variante:

```
A$ = "13"
? A$
13
```

Wie nicht anders zu erwarten war, steht nun allerdings vor der positiven "Zahl" 13 kein Leerzeichen mehr. "13" ist nun ein Text, dessen Bestandteile zufällig Ziffern sind. Besonders deutlich wird dies, wenn man den Versuch unternimmt, mit derartigen Größen zu rechnen:

```
A$ = "13" : B$ = "9"
? A$ + B$
139
? A$*B$
(Fehlermeldung)
```

Die Ursache für dieses Verhalten ist einfach darin zu sehen, daß der Text "13" rechnerintern anders abgespeichert wird als die Zahl 13. Achten Sie in der Folge gut auf diesen Unterschied.

Auf der anderen Seite haben wir beim Versuch, "13" und "9" zu addieren, eine Möglichkeit zur Verarbeitung von Strings entdeckt. Addiert man zwei Strings, so werden sie einfach hintereinander hingeschrieben:

```
? "Heidi" + "Floer"
HeidiFloer
? "Heidi " + "Floer"
Heidi Floer
A$ = "Schweinchen"
? A$ + " Dick"
Schweinchen Dick
? " Dick" + A$
 DickSchweinchen
? "1" + "2" + "3" + "4"
1234
```

Achten Sie besonders darauf, daß die Strings "Heidi" und "Heidi " als verschieden aufgefaßt werden. Strings sind nur dann gleich, wenn sie gleich lang sind und zeichenweise übereinstimmen.

Bemerkungen:

1) Bei manchen Rechnern wird der Operand "+" durch das Symbol "&" ersetzt.
2) Manche BASIC-Versionen verbieten die im letzten Beispiel durchgeführte mehrfache Hintereinanderausführung der Operation "+". In diesem Fall kann man sich durch eine ansonsten überflüssige Beklammerung oder durch eine Verteilung der Operation über mehrere Zeilen behelfen.
3) Eine wie auch immer geartete Subtraktion von Texten ist nicht erklärt.

Schließlich wollen wir der Frage nachgehen, welchen Standardwert der Rechner einem bisher nicht angesprochenen Text-Speicher zuweist:

```
? GUCK$
```

Wir sehen leider nichts. Also probieren wir es mal mit:

```
? GUCK$ + "1"
1
```

Dies läßt nur eine Schlußfolgerung zu: Offenbar wird "leeren" Textvariablen der sogenannte Nullstring "", der keinerlei Inhalt hat zugewiesen. Dies ist insofern vernünftig, als er als das direkte Gegenstück zur 0 im numerischen Bereich angesehen werden kann. Verwechseln Sie den Nullstring aber nicht mit dem String " "; letzterer enthält im Gegensatz zum Nullstring etwas, nämlich ein Leerzeichen.

Abschließend sei darauf hingewiesen, daß BASIC über eine ganze Reihe von Standardfunktionen zur Verarbeitung von Strings verfügt; darauf wird auf S.100ff näher eingegangen werden.

Bemerkung:

Einige BASIC-Versionen kennen neben den bisher behandelten Variablensorten auch noch gesonderte Variablennamen für ganzzahlige Werte oder für Werte, die mit doppelter Genauigkeit verarbeitet werden. Beim IBM-PC fallen alle auf % endenden Werte in die erste, die mit # schließenden in die zweite Kategorie. Dennoch ist die Armut an Datentypen einer der entscheidenden Nachteile von BASIC gegenüber der Programmiersprache PASCAL.

Übungsaufgaben:

1.10 Welches sind korrekte Namen für Stringvariable:

a) OH$ b) TEST$$ c) MÜ$ d) 7A$ e) N1

1.11 Welche der folgenden Wertzuweisungen sind korrekt:

a) A$ = A$ + "123" b) A$ = B1$ + B2$

c) LET A$ = "HUT" d) A$ = A + "3"

e) NENNER = 234

1.12 Was wird bei folgender Anweisungsfolge jeweils ausgedruckt?

```
A$ = "123" : B$ = "234"
A$ = A$ + "4"
? A$,B$; : ? A$+B$
B$ = "5" + A$
? B$
```

2. Die wichtigsten BASIC-Vokabeln

Ziel dieses Kapitels ist es, die wichtigsten BASIC-Vokabeln an Hand von kurzen Programmbeispielen vorzustellen. Dem Kenner sei gesagt, daß wir dabei nicht wesentlich über den durch Minimal-BASIC abgesteckten Rahmen hinausgehen. Ebensowenig wird Wert auf eine vollständige Beschreibung der sich bietenden Möglichkeiten oder auf die Wahl von interessanten Beispielen gelegt. Schwerpunkt ist allein die Vorstellung und Einübung des Grundwortschatzes, den Sie mit minimalen Modifikationen auf allen Rechnern zum Laufen bringen können.

2.1 Ein erstes Programm

In diesem Paragraphen wird das erste BASIC-Programm vorgestellt. Gleichzeitig wird dabei erläutert, wie Programme ausgelistet, korrigiert, gestartet und gespeichert werden können.
Stellen Sie sich vor, Sie wollen eine Reihe von quadratischen Gleichungen lösen. Aus dem Mathematikunterricht wissen Sie, daß die Lösungen einer quadratischen Gleichung der Form

$$ax^2 + bx + c = 0$$

gemäß der sogenannten Mitternachtsformel berechnet werden können:

$$x_{1,2} = \frac{-b \pm \sqrt{b^2-4ac}}{2a}$$

Dabei ist natürlich $a \neq 0$ vorausgesetzt. Außerdem nehmen wir an, daß der Ausdruck unter der Wurzel nicht negativ ist; andernfalls besitzt die Gleichung keine reellen Lösungen.
Natürlich könnten wir jetzt so vorgehen, daß wir die Lösungsformel Gleichung für Gleichung durchgehen (wobei der Rechner selbstverständlich kein $\pm$ versteht). Ist die erste Gleichung z.B. von der Form

$$2x^2 + 5x + 2 = 0 \text{ ,}$$

so ergäbe sich etwa der Dialog:

```
? (-5+SQR(25-4*2*2))/2/2
-.5
? (-5-SQR(25-4*2*2))/2/2
-2
usw.
```

Das ist natürlich außerordentlich lästig. Wir haben schließlich jedesmal dasselbe Rechenverfahren; es ändern sich lediglich die Koeffizienten der Gleichung. Eine mögliche Abhilfe für dieses Problem sieht so aus:

```
A = 2: B = 5 : C = 2
D = B*B - 4*A*C
? (-B+SQR(D))/2/A
-.5
? (-B-SQR(D))/2/A
-2
```

Wir haben damit nicht nur das Hantieren mit Zahlen gespart. Wenn wir nämlich jetzt die nächste Gleichung zu lösen haben, so müssen wir nur mit dem Cursor zur Zeile mit A = ... usw. zurückkehren, dort die nötigen Änderungen vornehmen und dann alle weiteren Zeilen überfahren. Natürlich ist nach jedem Überfahren die RETURN-Taste zu betätigen. Auf diese Weise kann man Gleichung für Gleichung lösen.

Doch auch diese Methode ist natürlich nicht das Ei des Kolumbus; sie ist schließlich alles andere als bequem. Wesentlich angebrachter wäre es, dem Rechner ein für allemal die Berechnungsformeln mitzuteilen und immer nur die neuen Koeffizienten einzutasten. Dies ist möglich, und ich möchte an Hand dieses Beispiels den Übergang von der Benutzung des Computers als Taschenrechner zum Programmieren darstellen. Wesentlich ist nur, daß man Anweisung für Anweisung in der Reihenfolge hinschreibt, in der der Rechner sie ausführen soll. Damit er sie sich freilich merkt, müssen sie einzeln mit Zeilennummern gekennzeichnet werden. Dies könnte dann zum Beispiel folgendermaßen aussehen:

```
10  A = 2 : B = 5 : C = 2
20  D = B*B - 4*A*C
30  PRINT (-B+SQR(D))/2/A
40  PRINT (-B-SQR(D))/2/A
50  END
```

Dieser Text muß zeilenweise in den Rechner eingegeben werden; danach ist jeweils auf RETURN zu drücken. Anders als früher findet nach Eingabe der Zeile mit der Nummer 30 allerdings keine sichtbare Reaktion statt. Der Rechner nimmt sie einfach zur Kenntnis und bleibt ansonsten passiv. Die Gesamtheit der Zeilen von 10-50 bildet ein BASIC-Programm.

Wir halten fest:

Ein BASIC-Programm ist eine Folge von Anweisungen, die durch Zeilennummern geordnet sind. Als Zeilennummern sind im Normalfall natürliche Zahlen bis zu einem anlagenspezifischen Höchstwert zulässig.

Das weitere Vorgehen wird nun stark davon abhängen, ob Ihnen ein Tischrechner oder eine Großrechenanlage zur Verfügung steht. Zuerst besprechen wir die Verhältnisse bei einem Tischrechner. Hier müssen Sie einfach das Kommando RUN (ohne jede Zeilennummer!) eingeben; dies veranlaßt den Rechner zur Ausführung des Programms. Sie sehen dann am Bildschirm etwa folgendes:

```
RUN
-.5
-2
```

Genaugenommen verhält es sich so, daß Sie mit dem Kommando RUN ein ganz bestimmtes Dienstprogramm aus Ihrem Betriebssystem aufrufen, welches den Rechner veranlaßt, Anweisung für Anweisung Ihres Programms auszuführen. Im einzelnen geschieht folgendes:

1) Die Anweisung in Zeile 10 bewirkt, daß der Rechner der Reihe nach die Zahlen 2, 5 und 2 in Speichern namens A, B und C ablegt.
2) Die Anweisung in Zeile 20 führt dazu, daß die Differenz aus dem Quadrat des Inhalts von Speicher B und des 4fachen des Produkts der Inhalte von A und C unter dem Namen D abgespeichert wird (d.h.: D enthält den Wert unter der Wurzel). Statt dieses sprachliche Ungetüm zu produzieren, hätte man auch salopp sagen können: nach D kommt das Quadrat aus B minus dem 4fachen von A mal C.
3) Zeile 30 und Zeile 40 führen zum Ausdrucken der durch die entsprechenden Rechenvorschriften festgelegten Terme. Dies sind die gesuchten Nullstellen.
4) Zeile 50 schließlich markiert das Ende des Programms. Bei vielen Rechnertypen ist sie überflüssig.

Möchte man nun eine andere Gleichung lösen, etwa $x^2 + 3x + 2 = 0$, so können die Inhalte der Zeilen 20-50 unverändert übernommen werden. Geändert werden muß lediglich Zeile 10, und dies geschieht einfach dadurch, daß man sie neu eintippt. Dadurch wird gleichzeitig die alte Zeile 10 gelöscht. Wir schreiben also:

```
10 A = 1 : B = 3 : C = 2
```

Nun könnte der Einwand kommen, daß diese Anweisung zu spät erfolgt; die Rechenvorschriften mit den höheren Zeilennummern sind dem Computer ja bereits bekannt. Dies ist freilich nicht der Fall, denn das maßgebliche Ordnungsprinzip sind die Zeilennummern; es kommt nicht darauf an, in welcher Reihenfolge die Anweisungen eingetippt wurden. Sie können sich davon überzeugen, indem Sie das Kommando LIST geben; dieses bewirkt, daß das ganze Programm nach Zeilennummern geordnet auf dem Bildschirm erscheint. Wie bei RUN wird durch LIST ein Dienstprogramm aufgerufen; eine vorangestellte Zeilennummer ist daher weder erforderlich noch zulässig. Folgendes könnte nun auf Ihrem Bildschirm zu sehen sein:

```
LIST
10 A = 1 : B = 3 : C = 2
20 D = B*B - 4*A*C
30 PRINT (-B+SQR(D))/2/A
40 PRINT (-B-SQR(D))/2/A
50 END
```

Bei längeren Programmen interessieren Sie sich vielleicht auch nur für Teilbereiche des Programms. Dann können Sie je nach Rechner Kommandos der Art LIST 20-40 bzw. LIST 20,40 verwenden:

```
LIST 20-40
20 D = B*B - 4*A*C
30 PRINT (-B+SQR(D))/2/A
40 PRINT (-B-SQR(D))/2/A
```

Lassen Sie jetzt das Programm laufen!

```
RUN
-1
-2
```

Sie erhalten also das Gewünschte. Durch ständige Variation von Zeile 10 können Sie somit Gleichung für Gleichung abarbeiten (eine elegantere Möglichkeit finden Sie auf S.64).

Sollten Sie allerdings an einem Großrechner arbeiten, so dürfte das alles nicht so einfach vor sich gehen. In diesem Fall müssen Sie das Programm vermutlich zuerst compilieren lassen; die genauen Vorgänge dabei müssen Sie allerdings Ihrem Systemhandbuch entnehmen. Typisch wäre folgende Vorgehensweise:

1) Als erstes müssen Sie das fertige Programm in Ihre Bibliothek übertragen. Das geschieht üblicherweise mit SAVE Name. Danach müssen Sie den Editor verlassen (etwa mit Kommandos wie BYE oder EXIT).
2) Nun ist von der Kommandoebene aus der BASIC-Compiler aufzurufen, z.B. mit Hilfe von BASIC Name. Ist ihr Programm syntaktisch fehlerfrei, so wird es in den maschinenfähigen Objektcode übersetzt; andernfalls bekommen Sie eine Mängelliste, die Sie im Editor abarbeiten müssen. Ist dies geschehen, ist erneut der Compiler aufzurufen.
3) Das fertig übersetzte Programm ist mit RUN zu starten. Damit kann man freilich nur eine Gleichung bearbeiten; eine Änderung von Zeile 10 erfordert die Rückkehr in den Editor und erneutes Compilieren. Das macht kein Mensch, sondern man bedient sich der Hilfsmittel auf S.64.

Vielleicht haben Sie sich darüber gewundert, daß wir das Programm in Zehnerschritten durchnumeriert haben. Dies hat den Vorteil, daß etwa nötige Ergänzungen leicht vorgenommen werden können; denken Sie bitte daran, daß es auf die chronologische Reihenfolge der Eintragungen nicht ankommt (es sei denn, Sie überschreiben eine Anweisung). Daher ist es stets zweckmäßig, Lücken zwischen den Zeilennummern zu lassen.

Aus Demonstrationsgründen wollen wir nun unser Programm mit anderen Zeilennummern versehen. Bevor wir das machen können, sollten wir freilich das alte Programm aus dem Arbeitsspeicher löschen. Dies geschieht mit dem Kommando NEW, bei manchen Rechnern auch mit CLEAR. Gleichzeitig werden dabei alle numerischen Speicher auf 0 und alle Textspeicher auf den Nullstring gesetzt (dies gilt auch, wenn Sie ohne Programm arbeiten). Verabsäumen wir dies, so kann es zu lästigen Überlagerungen zwischen altem und neuem Programm kommen; Sie sollten daher immer NEW eingeben, bevor Sie mit etwas Neuem beginnen.

Wir machen also nun folgendes:

```
NEW
16  A = 1 : B = 3 : C = 2
31  D = B*B - 4*A*C
32  PRINT (-B+SQR(D))/2/A
33  PRINT (-B-SQR(D))/2/A
60  END
```

Lassen Sie jetzt das Programm laufen, so bekommen Sie wie gehabt:

```
RUN
-1
-2
```

Auf keinen Fall dürfen Sie allerdings die Reihenfolge der Anweisungen durcheinanderbringen. Dies zeigt folgender Testlauf:

```
NEW
20  A = 1 : B = 3 : C = 2
10  D = B*B - 4*A*C
30  PRINT (-B+SQR(D))/2/A
40  PRINT (-B-SQR(D))/2/A
50  END
RUN
-1.5
-1.5
```

Wie kann man sich das erklären? Zuerst führt der Computer Zeile 10 aus; es spielt dabei keine Rolle, daß wir zuerst Zeile 20 eingegeben haben. Da das Kommando NEW sämtliche Speicher geleert hat, enthalten die Speicher A, B und C nur Nullen; demzufolge wird auch D auf 0 gesetzt. Nun kommt der Rechner zu Zeile 20 und führt die dort vorgeschriebenen Speicherbefehle durch. Rechnet man dann die in Zeile 30 und 40 niedergelegten Ausdrücke nach, so ergibt sich in beiden Fällen -1.5.

Nicht immer wird es Ihnen auf Anhieb gelingen, ein Programm fehlerfrei einzutasten. Wenn Sie einen Fehler bemerken, bevor Sie auf RETURN gedrückt haben, so können Sie ihn sofort durch geeignete Cursormanipulationen beheben. Dasselbe gilt, wenn die Zeile zwar bereits dem Computer übergeben wurde, aber immer noch am Bildschirm zu sehen ist. Ist die falsche Zeile dagegen bereits verschwunden, so geben Sie einfach das Kommando LIST Zeilennummer, um sie wieder herbeizuholen. Danach können Sie wie gehabt Ihre Berichtigungen durchführen. Vergessen Sie aber nicht, im Anschluß daran auf RETURN zu drücken; es kommt in diesem Zusammenhang nicht darauf an, was Sie am Bildschirm sehen können, sondern darauf, was Sie an den Rechner übergeben haben. Unterbleibt das Betätigen von RETURN, so bleibt der alte Zeileninhalt bestehen. Genauere Informationen zum Thema Korrektur müssen Sie Ihrem Handbuch entnehmen. Schlagen Sie unter Stichworten wie Editieren, INS oder DEL nach.

Wir beschließen diesen Paragraphen mit einigen Hinweisen zur Speicherung von Programmen. Wenn Sie das Kommando NEW geben oder den Rechner ausschalten, ist Ihr Programm im Normalfall verloren. Bei so kurzen Programmen, wie wir sie bis jetzt behandelt haben, ist dies nicht weiter tragisch; längere Programme möchte man dagegen nicht jedesmal wieder neu eintippen müssen. Dies ist auch nicht nötig, denn jeder Rechner bietet Ihnen die Möglichkeit, Ihre Programme zu speichern. Als Speichermedien kommen dabei im wesentlichen Disketten, Kassetten und Magnetplatten in Frage. Diese Medien sind natürlich sehr unterschiedlich im Hinblick auf Speicherkapazität, Zugriffsdauer und Anschaffungspreis, aber auch in der Zugriffsart. Im allgemeinen gilt aber folgendes:

1) Um ein Programm abzuspeichern, muß man es mit einem Namen versehen. Dazu gibt man eines der Kommandos:

   SAVE Name bzw. SAVE "Name" .

   Dies bewirkt, daß Ihr Programm unter dem betreffenden Namen abgelegt wird. Natürlich ist es sinnvoll, einen Namen zu wählen, der inhaltlich gut zu dem Programm paßt, damit Sie es später leichter identifizieren können.

2) Um ein Programm dann wieder in den Rechner zu laden, geben Sie eines der Kommandos:

   LOAD Name bzw. LOAD "Name"

Befindet sich zum Zeitpunkt der Ausführung dieses Kommandos noch ein anderes Programm im Arbeitsspeicher, so wird es gelöscht.

Hat man so sein Programm abgespeichert, kann man es löschen und unter Umständen mit der Bearbeitung eines neuen Programms beginnen.

Bemerkungen:

1) Wenn Sie im Laden eine fabrikneue Diskette kaufen, so wird sie im allgemeinen nicht ohne weiteres für Ihre Zwecke brauchbar sein. Damit Ihr Rechner oder genauer gesagt sein Betriebssystem mit ihr arbeiten kann, muß sie zunächst anlagenspezifisch vorbereitet werden. Diesen Vorgang bezeichnet man als Formatierung oder Initialisierung. Sie können sie im Normalfall selbst vornehmen, sei es durch Rückgriff auf ein entsprechendes Programm Ihrer Systemdiskette wie z.B. FORMAT oder direkt durch Abspeichern eines Pilotprogramms mit Hilfe von INIT. Informieren Sie sich darüber in Ihrem Handbuch.
2) Falls Sie von jemand fertige Programme übernehmen wollen, und der Rechner der betreffenden Person arbeitet nicht mit dem gleichen Betriebssystem, werden Sie im Normalfall Pech haben; Ihr Rechner wird nicht in der Lage sein, diese Programme einzulesen. Für einige Varianten kann man sich allerdings mit geeigneten Konvertierungsprogrammen oder geeigneten Hardwarezusätzen behelfen. Hier ist es allerdings empfehlenswert, einen Fachmann zu konsultieren, damit Sie nicht durch falsches Vorgehen Informationen auf fremden Disketten zerstören.
3) Fertigen Sie von allen wichtigeren Disketten oder Kassetten eine Kopie an. Wer darauf verzichtet, spart an der falschen Stelle. Der Verlust von Daten oder komplizierten Programmen wiegt wesentlich schwerer als der Preis für eine weitere Diskette. Auch die größte Vorsicht schützt Sie nämlich nicht vor einer altersbedingten oder durch unglückliche Umstände eintretenden Zerstörung von Daten.
   Hilfsprogramme zum Kopieren finden Sie auf Ihrer Systemdiskette, z.B. unter Namen wie COPYA, COPY, DISKCOPY oder dgl. Lassen Sie sich durch ein Kommando der Art DIRECTORY, DIR, CATALOG oder CAT ein Inhaltsverzeichnis Ihrer Systemdiskette auf den Bildschirm schreiben. Es kann allerdings sein, daß Sie dazu und zum Hilfsprogramm-Aufruf die BASIC-Ebene verlassen müssen. Dazu hilft ein Befehl wie SYSTEM oder das Aus- und Einschalten Ihres Geräts.
4) Wundern Sie sich allerdings nicht, wenn Sie kommerziell vertriebene Software weder kopieren noch auslisten können. Vielfach haben die Hersteller aus begreiflichen Gründen dagegen Sicherheitsvorkehrungen getroffen.

Übungsaufgabe:

2.1 Was für einen Ausdruck liefert das Programm

```
20  Y = Y-1
10  X = 2*Y - X
 5  X = 2 : Y = 3
30  PRINT X,Y
40  END
```

2.2 Die Eingabe von Daten

Unser bisheriges Programm zum Lösen von quadratischen Gleichungen hat unter anderem den Schönheitsfehler, daß bei jedem Neustart des Programms zuerst Zeile 10 neu geschrieben werden muß. Dies ist unnötig, denn die Dialogsprache BASIC erlaubt es, Daten direkt während der Programmausführung an den Rechner zu übergeben.

Die Anweisung, die das möglicht macht, wird durch die Vokabel INPUT eingeleitet; danach folgt der Name einer beliebigen numerischen oder Textvariablen. Erreicht der Rechner bei der Programmausführung eine derartige INPUT-Anweisung, so hält er an und gibt ein Fragezeichen aus. Dadurch wird dem Benutzer signalisiert, daß jetzt eine Eingabe erwartet wird. Ist der Benutzer dieser Aufforderung nachgekommen (die Eingabe ist dabei durch RETURN abzuschließen), so wird der eingegebene Wert der bei INPUT stehenden Variablen zugewiesen, und das Programm wird weiter ausgeführt. Sehen wir uns das einmal an einem einfachen Beispiel an:

```
10  INPUT A
20  PRINT A
30  END
RUN
? 260
 260
```

Dasselbe funktioniert wie gesagt auch bei Texten:

```
10  INPUT A$
20  INPUT NR
30  ? A$; NR
40  END
RUN
? Schloßallee
? 17
Schloßallee 17
```

Ist Ihnen aufgefallen, daß wir den Text ohne Anführungszeichen eingegeben haben? Dies ist im Zusammenhang mit INPUT problemlos möglich, solange Sie nur mit Buchstaben und Ziffern hantieren. Schwierigkeiten kann es dagegen bei gewissen Sonderzeichen geben; beachten Sie hierzu die weiter unten gemachten Ausführungen. Alles, was einer (an ihrem Dollarzeichen kenntlichen) Stringvariablen zugewiesen wird, wird hier anders als bisher als Text aufgefaßt. Vergleichen Sie hierzu die folgenden beiden Varianten:

```
10  INPUT NR1$                    10  INPUT NR1
20  INPUT NR2$                    20  INPUT NR2
30  PRINT NR1$+NR2$               30  PRINT NR1 + NR2
40  END                           40  END
RUN                               RUN
? 10                              ? 10
? 15                              ? 15
1015                               25
```

Andererseits ist es nicht verkehrt, die Anführungsstriche mit einzugeben:

```
10  INPUT X$
20  PRINT X$
30  END
RUN
? "Eberhardtstr. 14/3"
Eberhardtstr. 14/3
```

Bei manchen Rechnern (und laut BASIC-Norm) sind Anführungszeichen sogar zwingend vorgeschrieben, wenn die Eingabegrößen andere Zeichen als Buchstaben, Ziffern oder +, - und . enthalten. Insbesondere sind dann Kommata verboten (vgl. S.45).

Bemerkung:

Bei den meisten Rechnern gibt es Steuerzeichen, die zum Programmabbruch führen (z.B. CTRL+C); diese können natürlich nicht durch INPUT übergeben werden. Ein Ausweg wird auf S.111ff aufgezeigt.

Unzulässig ist es dagegen, einer numerischen Variablen einen Text zuweisen zu wollen. Der Rechner wehrt sich mit einer anlagenspezifischen Fehlermeldung und verlangt im Regelfall die Wiederholung der Eingabe:

```
10  INPUT A
20  PRINT A
30  END
```

```
RUN
? TEST
REDO FROM START
? 14
 14
```

Ebensowenig läßt sich der Rechner dazu bewegen, dem Benutzer im Zusammenhang mit INPUT irgendwelche Rechnungen abzunehmen. Wir starten das letzte Programm erneut:

```
RUN
? 18/3
REDO FROM START
? ...
```

So bedauerlich es ist, der Rechner verlangt eben als Eingabedaten konstante Werte und akzeptiert keine Ausdrücke.

Manchmal möchte man mehrere Eingaben gleichzeitig vornehmen lassen. In diesem Fall setzt man eine ganze Reihe von Variablen durch Kommata voneinander getrennt hinter die Vokabel INPUT. Die Zuweisung der Eingabegrößen an die Speicher erfolgt dann in der Reihenfolge, in der die Variablen aufgeführt sind. Auch die Eingabegrößen untereinander werden dann durch Kommata separiert. Möchte man in dieser Situation die Eingabe über mehrere Zeilen verteilen, so schließt man die jeweils letzte Eingabe einer Zeile einfach mit einem Komma ab.

Bemerkung:

Manche BASIC-Versionen akzeptieren neben dem Komma auch Leerzeichen als Trennzeichen zwischen den Eingabegrößen. Bei wieder anderen hat auch der Doppelpunkt diese Funktion.

Beispiel:

```
10  INPUT A,B,A$,C
20  PRINT A,B,A$
30  PRINT C
40  END
RUN
? 20,30,Osswald,40
 20      30     Osswald
 40
```

Gleichwertig damit wäre eine der folgenden Eingabeformen:

```
RUN
? 20,30,
? Osswald,40
 20      30     Osswald
 40
```

```
RUN
? 20,
? 30,
? Osswald,
? 40
 20       30       Osswald
 40
```

Dagegen schwankt es von Rechner zu Rechner, ob folgende Eingabe akzeptiert wird:

```
RUN
? 20
? 30
? Osswald
? 40
 20       30       Osswald
 40
```

Hier kann es Ihnen passieren, daß der Rechner so lange Daten nachfordert, bis sie 4 Eingaben hintereinander getätigt oder jeweils ein Komma als Zeilenabschluß eingegeben haben. Eine andere häufig anzutreffende Variante ist die, daß dem Benutzer durch die Ausgabe eines doppelten Fragezeichens signalisiert wird, daß weitere Eingaben erforderlich sind. Dies sieht dann so aus:

```
RUN
? 20
?? 30
?? Osswald
?? 40
 20       30       Osswald
 40
```

Ein anders gelagertes Problem tritt ein, wenn dem Rechner mehr Eingabedaten übergeben werden, als er gemäß der hinter INPUT stehenden Variablenliste erwartet. Er reagiert dann entweder mit einer kurzen Fehlermeldung und ignoriert die zuviel eingereichten Daten:

```
10  INPUT A,B
20  PRINT A,B
30  END
RUN
? 1,2,3
EXTRA IGNORED
 1       2
```

oder er verlangt eine komplette Neueingabe:

```
RUN
? 1,2,3
REDO FROM START
?
```

Bei Rechnern, die auch das Leerzeichen als Trennzeichen zwischen Eingaben akzeptieren, kann im ersten Fall folgender Effekt eintreten:

```
10  INPUT A$
20  PRINT A$
30  END
RUN
? Harry Osswald
EXTRA IGNORED
Harry
```

Dasselbe passiert uns, wenn wir partout ein Komma an den Rechner übergeben wollen (z.B. im Zuge der Textverarbeitung):

```
RUN
? Osswald,Harry
EXTRA IGNORED
Osswald
```

In beiden Fällen bietet sich die gleiche Abhilfe an: Wir müssen eben die Eingabegröße in Anführungszeichen setzen.

```
RUN
? "Harry Osswald"
Harry Osswald
RUN
? "Osswald,Harry"
Osswald,Harry
```

Bemerkung:

Einige BASIC-Versionen haben für obige Situation auch eine gesonderte Anweisung, nämlich LINE INPUT, gefolgt von einer einzigen Textvariablen. Dieser wird dann alles zugeordnet, was bis zum nächsten Betätigen von RETURN eingegeben wird, ohne Rücksicht auf Kommata, Leerzeichen und dgl.

Wir wollen jetzt die Darstellung durch einige Anwendungsbeispiele auflockern:

1) Als erstes versehen wir unser Programm zur Lösung von quadratischen Gleichungen mit einer Dialog-Eingabe:

```
10  INPUT A,B,C
20  D = B*B - 4*A*C
30  PRINT (-B+SQR(D))/2/A
40  PRINT (-B-SQR(D))/2/A
50  END
RUN
? 2,5,2
-.5
-2
RUN
? 1,3,2
-1
-2
```

2) Wir wollen ein Programm schreiben, mit dessen Hilfe der zu einem beliebigen Nettobetrag nach Hinzurechnung der Mehrwertsteuer gehörige Bruttobetrag berechnet und ausgegeben werden kann. Eine kurze Überlegung zeigt, daß hier beim derzeitigen Mehrwertsteuersatz von 14% die Formel gilt:

```
STEUER = NETTO * 0.14
BRUTTO = NETTO + STEUER = NETTO*(1 + 0.14)
```

Demzufolge haben wir:

```
10  INPUT NETTO
20  PRINT NETTO * 1.14
30  END
RUN
? 1265
 1442.10
```

3) 500g eines bestimmten Nahrungsmittels kosten 6.50DM. Gesucht ist ein Programm, mit dessen Hilfe der Preis für eine beliebige Abnahmemenge berechnet werden kann. Eine kurze Dreisatzrechnung zeigt, daß zu einer Abnahmemenge A (in Gramm) der Preis

```
P = A*6.50/500
```

gehört. Damit bietet sich folgendes Programm an:

```
10  INPUT A
20  ?A*6.50/500
30  END
RUN
? 200
 2.6
```

Vorausgesetzt ist dabei natürlich, daß die abgegebene Menge in Gramm eingegeben wird.

4) Als nächstes schreiben wir ein Programm, mit dessen Hilfe wir berechnen können, auf welchen Betrag K ein Kapital K0 in N Jahren anwächst, falls eine jährliche Verzinsung mit dem Zinssatz p% stattfindet. Aus der Mathematik ist bekannt, daß hierfür folgende Formel gilt:

$$K = K0\,(1 + \frac{p}{100})^n$$

In unserem konkreten Fall könnte man daher so vorgehen:

```
10 INPUT K0,P,N
20 ? K0*(1+P/100)↑N
30 END
RUN
? 624,3.5,10
 880.2136
```

Natürlich müßte man hier noch so runden, daß ein sinnvoller Pfennigbetrag herauskommt (vgl. S.123).

Das letzte Beispiel zeigt ein Dilemma auf. Wenn Sie es nämlich nach 3 Wochen erneut laufen lassen, so wissen Sie im Normalfall nicht mehr, in welcher Reihenfolge Sie die Werte für K0,P und N eingeben müssen. Natürlich können Sie sich an Hand des Programmlistings schnell Klarheit verschaffen, aber dies ist doch unbefriedigend und bei längeren Programmen auch unpraktikabel.
Als Abhilfe bietet sich hier an, einfach das Programm um einen erklärenden Text zu erweitern. Wir fügen also im nachhinein folgende Zeile 5 hinzu:

```
 5 PRINT "Geben Sie Kapital, Zinssatz und Laufzeit ein."
RUN
Geben Sie Kapital, Zinssatz und Laufzeit ein.
? 624,3.5,10
 880.2136
```

BASIC bietet Ihnen aber auch noch eine andere Möglichkeit. Wenn Sie unmittelbar hinter INPUT einen in Anführungszeichen geschriebenen Text eingeben, so wird dieser an Stelle des sonst üblichen Fragezeichens ausgegeben. Nach diesem Text geben Sie ein rechnerspezifisches Trennzeichen ein; sodann folgt die Variablenliste.
Leider ist dieses Trennzeichen, wie bereits angedeutet wurde, nicht einheitlich; meist wird ein Semikolon zu setzen sein, es gibt aber auch Versionen, bei denen ein Komma bzw. Doppelpunkt zu verwenden ist (letzteres natürlich nur, wenn der Doppelpunkt nicht verschiedene Anweisungen eines Mehrfachstatements voneinander trennt). Ferner besteht die Möglichkeit, daß bei Verwendung eines Semikolons das

Fragezeichen erhalten bleibt, während es durch das Komma unterdrückt wird. Diese Variante wird hier zugrundegelegt; sollte Ihr Rechner ein anderes Trennzeichen erforderlich machen, so müssen Sie das in Zukunft jeweils berücksichtigen.

Wir wollen unser letztes Beispiel mit diesem Formalismus umgestalten:

```
10 INPUT "Kapital, Zinssatz, Laufzeit: ", KO,P,N
20 ? KO*(1+P/100)↑N
30 END
RUN
Kapital, Zinssatz, Laufzeit: 624,3.5,10
 880.2136
```

Meist wird man dann freilich eine etwas andere Darstellungsart bevorzugen:

```
 5 INPUT "Anfangskapital:  ",KO
10 INPUT "Zinssatz:        ",P
15 INPUT "Laufzeit:        ",N
20 ? KO*(1+P/100)↑N
30 END
RUN
Anfangskapital: 624
Zinssatz:       3.5
Laufzeit:       10
 880.2136
```

Wie Sie sehen, haben wir immer sorgfältig die Leerzeichen abgezählt, um eine ansprechende optische Darstellung zu erhalten. Selbstverständlich sind Zahlen bei der Eingabe nicht von Leerzeichen umrahmt.

An dieser Stelle sei noch eine Warnung für Anfänger angebracht. Stellen Sie sich vor, Sie haben aus Versehen einen Zinssatz von 35 eingegeben, aber bereits auf RETURN gedrückt. Am Bildschirm ergäbe sich dann folgende Situation:

```
RUN
Anfangskapital:  624
Zinssatz:        35
Laufzeit:
```

Fangen Sie dann bloß nicht an, den Cursor mit den Pfeiltasten so lange herumzumanipulieren, bis er auf die 35 zu stehen kommt. Das ist zu spät. Der Rechner will jetzt eine Angabe für die Laufzeit und nicht für den Zinssatz, und im Zweifelsfall versucht er die ganze durch Ihr Vorgehen gebildete Zeichensequenz der Laufzeit N zuzuordnen, was natürlich erneut nicht als erwünscht zu bezeichnen ist. In diesem Fall brechen Sie die Programmdurchführung am besten ab und starten erneut.

Bemerkung:

Manche Rechner erlauben, daß der hinter INPUT stehende erklärende Text selbst aus einem Speicher eingelesen wird:

```
INPUT HINWEIS$, A,B
```

An Stelle des obligatorischen Fragezeichens steht dann der aktuelle Inhalt von HINWEIS$ auf dem Schirm.

Der hinter INPUT stehende String kann auch dazu benützt werden, jegliche Ausgabe zu unterdrücken. Betrachten Sie dazu folgende Programmvariante:

```
 5  ? "Geben Sie Kapital, Zinssatz und Laufzeit ein:"
10  INPUT "", KO,P,N
20  ? KO*(1+P/100)↑N
30  END
RUN
Geben Sie Kapital, Zinssatz und Laufzeit ein:

_
```

Der Rechner wartet jetzt ohne weiteres Signal auf Ihre Eingaben. Der Cursor steht an der hier ausnahmsweise markierten Stelle _.

Neben der soeben besprochenen Eingabe im Dialog bietet sich noch die Möglichkeit, Daten durch das Vokabelpaar DATA/READ einlesen zu lassen. Ein Beispiel mag dessen Wirkungsweise verdeutlichen:

```
10  DATA 4, HAUS
20  READ A,B$
30  PRINT A,B$
40  END
RUN
 4      HAUS
```

Offensichtlich ist es also so, daß die READ-Anweisung die in der DATA-Anweisung stehenden Daten der Reihe nach den hinter READ stehenden Variablen zuweist. Natürlich darf dabei einer numerischen Variablen kein String zugeordnet werden; sonst kommt es zu einer Fehlermeldung. Dagegen hätte man den Wert 4 auch einer Stringvariablen zuweisen können; er wäre dann natürlich als Text abgelegt worden. Für die Eingabegrößen gelten ansonsten die bei INPUT gemachten Bemerkungen.

Ein Programm kann auch mehrere DATA-Anweisungen enthalten. Der Rechner faßt sie dann in der Reihenfolge ihrer Zeilennummern zu einem großen Datenblock zusammen. Dabei kann eine benötigte DATA-Zeile durchaus hinter der aufrufenden READ-Zeile stehen:

```
10 DATA "Eberhardtstr.14/3"
20 READ A$,B$,C$
30 PRINT A$,B$,C$
40 DATA "Gerokweg 1","Ulm"
50 END
RUN
Eberhardtstr.14/3        Gerokweg 1      Ulm
```

Obschon es alles andere als ökonomisch ist, müssen nicht alle in DATA-Anweisungen stehenden Daten tatsächlich aufgerufen werden. Das folgende Programm wäre also korrekt:

```
10 DATA 14,15
20 READ A$
30 PRINT A$
40 END
RUN
14
```

Ganz anders sieht die Sache dagegen aus, wenn mehr Daten abgerufen werden als hinter DATA zur Verfügung stehen. Hier kommt es zu einer Fehlermeldung:

```
10 DATA 14
20 READ A,B
30 PRINT A,B
40 END
RUN
OUT OF DATA IN 20
```

Will man mehrfach auf Daten zugreifen, so muß man sich der Anweisung RESTORE bedienen. Sie hat die Wirkung, daß die nächste READ-Anweisung wieder auf das erste Datum des ersten DATA-Blocks zugreift. Das folgende kurze Demonstrationsprogramm mag dies verdeutlichen:

```
10 DATA 14,13
20 READ A
30 PRINT A
40 RESTORE
50 READ B
60 PRINT B
70 END
RUN
 14
 14
```

Manche Rechner verfügen darüber hinaus noch über die Anweisungsform RESTORE Zeilennummer; diese bewirkt, daß die nächste READ-Anweisung auf die erste DATA-Anweisung zugreift, die in einer Zeile mit dieser oder einer höheren Zeilennummer vorzufinden ist.

Vielleicht wundern Sie sich darüber, daß das Vokabelpaar DATA/READ überhaupt vorgesehen ist. Tatsächlich könnte durch eine direkte Wertzuweisung ja dasselbe erreicht werden. Hier vertröste ich Sie auf S.183.

Bemerkung:

Einige BASIC-Versionen ermöglichen über das bis jetzt Gesagte hinaus das Einlesen eines einzelnen Zeichens. Dazu dienen Vokabeln wie GET oder INKEY$. Es ist dabei nicht nötig, die Eingabe durch RETURN abzuschließen. Es schwankt von Rechner zu Rechner, ob die Programmausführung beim Passieren einer entsprechenden Anweisung gestoppt wird oder nicht.
Anwendungen: Spielsteuerung, Abbruch einer Handlung.

Übungsaufgaben:

2.2 Gestalten Sie die Programme aus Beispiel 1-3 so um, daß der Benutzer sieht, was für eine Eingabe von ihm erwartet wird.

2.3 Schreiben Sie ein Programm, mit dessen Hilfe aus Strom I und Spannung U der Ohmsche Widerstand R berechnet wird.
Hinweis: R = U/I.

2.4 Schreiben Sie ein Programm, mit dessen Hilfe der Durchschnitt aus drei Noten berechnet werden kann.

2.5 Schreiben Sie ein Programm, welches den aktuellen Dollarkurs erfragt und sodann den Wert eines Dollarbetrages in D-Mark berechnet.

2.6 Schreiben Sie ein Programm, das nach Eingabe einer beliebigen Zahl nebeneinander die Zahl selbst, ihr Quadrat und ihre dritte Potenz in übersichtlicher Weise ausdruckt.

2.7 Was sind korrekte Antworten auf INPUT A?
a) 1.4E7 b) 3↑2 c) "26" d) 50,34

2.8 Welche der folgenden Eingaben sind korrekte Antworten auf INPUT A$,B$,N?
a) 25,36,47
b) "25,36,47"

c) Hund,Katze,Maus
d) Hund,
Katze,
200
e) Siegfried Stief, 22000
f) "Siegfried Stief","Friedrichstr. 9",22000
g) müde,morgens,7

2.9 Ergänzen Sie das folgende Programm so, daß in Zeile 50 einer Variablen N$ vermöge einer READ-Anweisung der Wert Siegfried zugewiesen wird:

```
10  DATA Maurice,Wolfgang,Josef
20  DATA 18,20,22
30  DATA Siegfried
40  READ N1$,N2$,N3$
```

2.3 Bedingte und unbedingte Sprünge

Die im letzten Paragraphen vorgestellten Programme haben den Nachteil, daß sie für jede neue Eingabe von Werten frisch gestartet werden müssen. Am Beispiel des Verzinsungsprogramms zeige ich Ihnen nun, wie dies vermieden werden kann:

```
 5  INPUT "Anfangskapital: ",K0
10  INPUT "Zinssatz:       ",P
15  INPUT "Laufzeit:       ",N
20  PRINT K0*(1+P/100)↑N
25  GOTO 5
30  END
```

Neu ist hier die Anweisung in Zeile 25. Erreicht der Rechner bei der Programmausführung diese Zeile, so wird er zu einem Sprung nach Zeile 5 veranlaßt und setzt dort die Programmausführung fort.

```
RUN
Anfangskapital:  624
Zinssatz:        3.5
Laufzeit:        10
 880.2136
Anfangskapital:  1000
Zinssatz:        5
Laufzeit:        1
 1050
Anfangskapital:
```

Zwar läuft dieses Programm nun schnell und elegant ab, doch ist völlig unklar, wie es jemals abgebrochen werden soll. In der Tat ist es ja so, daß nach jedem Rechenvorgang eine neue Eingabe verlangt wird. So etwas nennt man eine Endlosschleife. Ein Programm, das eine Endlosschleife enthält, ist grundsätzlich als falsch anzusehen, selbst wenn es zunächst unsere Bedürfnisse befriedigt. Die einzige Möglichkeit zum Abbruch dieses Programms besteht darin, auf BREAK oder RESET zu drücken oder den Rechner abzuschalten (zur Vorgehensweise bei Großrechnern müssen Sie das Systemhandbuch konsultieren).

Wie kann man nun aber die Endlosschleife im vorigen Beispiel vermeiden? Eine naheliegende Idee besteht darin, bei Eingabe eines bestimmten Anfangskapitals sofort zum Ende zu verzweigen. Man wird dafür einen Geldbetrag wählen, der in der Praxis in diesem Zusammenhang sicher nie vorkommen kann. So wäre es zum Beispiel naheliegend, einen Betrag von 0 als Abbruchkriterium anzusehen.

Die BASIC-Anweisung, die so etwas ermöglicht, lautet in ihrer einfachsten Form:

```
IF Bedingung THEN Zeilennummer
```

Als Bedingungen können dabei beliebige Vergleiche von Konstanten oder Variablen herangezogen werden. Typische Beispiele für diese Anweisungsart wären:

```
IF A=0 THEN 200
IF A1-A2 < B1+3*B5 THEN 10000
IF 16>= WERT1 THEN 800
IF A <> B THEN 30
```

Hierbei treten folgende Relationszeichen auf:

```
=    gleich
<    kleiner
<=   kleiner gleich
>    größer
>=   größer gleich
<>   ungleich
```

Bemerkung:

Manche Computer verwenden für "ungleich" auch das Symbol #.

Erreicht der Rechner nun die Zeile mit der Bedingung, so prüft er zunächst, ob sie wahr oder falsch ist. Ist sie wahr, so verzweigt er nach der bei THEN angegebenen Zeilennummer (natürlich muß diese Zeilennummer im Programm existieren); ist sie dagegen falsch, so ignoriert er den THEN-Teil und setzt das Programm mit der hinter der IF-

THEN-Anweisung stehenden Zeile fort. Damit können wir unser Programm wie folgt ergänzen:

```
 2  PRINT "Abbruch durch Eingabe von 0.":PRINT
 5  INPUT "Anfangskapital: ",K0
 8  IF K0 = 0 THEN 30
10  INPUT "Zinssatz:       ",P
15  INPUT "Laufzeit:       ",N
20  PRINT K0*(1+P/100)↑N
22  PRINT
25  GOTO 5
30  END
```

Wesentlich ist die Ergänzung in Zeile 8; das Hinzufügen von Zeile 22 dient nur der optischen Auflockerung, während Zeile 2 den Benutzer über die ja rein willkürlich gewählte Abbruchbedingung informiert.

```
RUN
Abbruch durch Eingabe von 0.

Anfangskapital:  624
Zinssatz:        3.5
Laufzeit:        10
 880.2136

Anfangskapital:  1000
Zinssatz:        5
Laufzeit:        1
 1050

Anfangskapital:  0
```

Eine andere Möglichkeit zur Wahl eines Abbruchkriteriums hätte darin bestanden, Zeile 8 wie folgt zu formulieren (natürlich wäre dann Zeile 2 ebenfalls sinngemäß zu verändern):

```
 8  IF K0<= 0 THEN 30
 8  IF K0 = -9999 THEN 30
```

Es kommt ganz darauf an, was man sich als Abbruchbedingung vorstellt. Da Abbruchbedingungen in vielen Zusammenhängen vorkommen können, ist es oft nützlich, sich auf eine "Lieblingsbedingung" festzulegen, die man bei sämtlichen Programmen verwendet. Dies spricht für die zuletzt aufgeführte Variante, denn ein Abbruch durch Eingabe von 0 ist nicht bei jedem Programm sinnvoll.

Unzweckmäßig, wenn auch nicht falsch, wäre es dagegen, Zeile 8 auf die Position 18 zu schieben, den Programmkopf also folgendermaßen zu gestalten:

```
 2 PRINT "Abbruch durch Eingabe von 0.":PRINT
 5 INPUT "Anfangskapital: ",K0
10 INPUT "Zinssatz:       ",P
15 INPUT "Laufzeit:       ",N
18 IF K0 = 0 THEN 30
 .
 .
```

In der Tat wäre man ja dazu gezwungen, noch etwas für Zinssatz und Laufzeit einzugeben, obwohl man doch das Programm verlassen möchte.

Bisher haben wir ausschließlich Bedingungen mit numerischen Größen formuliert; man kann aber genausogut mit Strings operieren. Dazu muß man sich lediglich darüber im klaren sein, wie die Relationen <,<= usw. für Zeichenketten zu interpretieren sind. So ist ja von vornherein nicht klar, ob die Aussage "14" < "Goldhamster" gilt oder ob die umgekehrte Relation richtig ist.
Unproblematisch sind die Relationen = und <>. Zu beachten ist bei Ihnen lediglich, daß

"MAIER" <> "MAIER "

bzw.

"Maier" <> "MAIER"

gilt.
Schwieriger wird es bei den anderen Relationen. Hier kann man sich aber an den Regelungen orientieren, die im Alltag üblich sind; nehmen Sie zum Beispiel die Eintragungen im Telefonbuch. Man muß nur beachten, daß das "Alphabet" jetzt nicht nur Groß- und Kleinbuchstaben, sondern auch die Ziffern und alle möglichen Sonderzeichen umfaßt. Auf den ersten Blick ist es völlig willkürlich, ob die Ziffern vor oder nach den Buchstaben rangieren sollen, aber eine Festsetzung ist doch nötig. In BASIC hat man sich auf die durch den ASCII-Code (vgl. S.210ff) festgelegte Reihenfolge der Zeichen geeinigt. Wir wollen uns für unsere Zwecke hier nur kurz notieren, daß hierbei zuerst das Leerzeichen, dann die Ziffern, dann die Großbuchstaben und zuletzt die Kleinbuchstaben kommen. Damit haben wir folgende Relationen:

"hamster" > "Hamster"	"79 Ulm" < "7900 Ulm"
"Mayer" < "Mayerling"	"26" < "49"
"ULI" < "Uli"	"Beatles" < "Beethoven"
"HOSE" < "Hemd"	"10000" < "25"

Wie Sie sehen, bleibt im Bereich der gewöhnlichen Texte die übliche Abfolge erhalten. Kritisch wird es nur, wenn Sonderzeichen hinzutreten oder Groß- und Klein-Buchstaben in unüblicher Weise gemischt sind. Für Zahlen gilt dies allerdings nicht, wie das letzte Beispiel belegt. Das ist auch nicht weiter verwunderlich, denn der zeichenweise angelegte Vergleich von Texten ist etwas völlig anderes als das auf Dezimalstellen beruhende Auswerten von Zahlen.

Eine Schwierigkeit habe ich dabei allerdings bis jetzt unterschlagen: Wie bereits früher erwähnt wurde, sind die Umlaute ä, ö und ü sowie der Buchstabe ß im Englischen nicht vorhanden, haben also im ASCII-Code die Rolle von Sonderzeichen. Sie stehen daher auf den hinteren Positionen. So kommt es, daß abweichend von unserem Sprachgebrauch die Regelungen

"Zürich" < "Überlingen" ; "Tuttlingen" < "Tödi"

gelten. Darauf wird insbesondere im Zusammenhang mit Sortierprogrammen zu achten sein.

Nach diesen Vorbereitungen möchte ich ein paar kurze Beispiele für IF-THEN-Anweisungen mit String-Vergleichen geben:

```
IF A$<= B$ THEN 230
IF B$+A$ <>"Abschluß" THEN 12500
IF A$ < "OTTO" THEN 600
```

Ist im letzten Fall der aktuelle Wert von A$ gleich "Rübe", so wird das Programm mit der nächsten Zeile fortgesetzt; ist A$ dagegen gleich "Kohl", so gelangt die Anweisung in Zeile 600 zur Ausführung.

Verboten ist es, numerische Ausdrücke und Strings miteinander zu vergleichen. Unzulässig wären somit folgende Vergleiche:

2 < "3" bzw. A$<= B

Mit diesem Formalismus wollen wir eine Verbesserung des Programms zum Lösen von quadratischen Gleichungen durchführen. Einmal wollen wir erreichen, daß der Fall a = 0 automatisch ausgeschlossen wird, zum anderen soll der Fall mit erfaßt werden, daß die Zahl unter der Wurzel negativ ist. Beiden Anforderungen gerecht wird folgende Programmversion:

```
10  INPUT "Koeffizienten beginnend bei x↑2 eingeben: ", A,B,C
15  IF A = 0 THEN 10
20  D = B*B-4*A*C
25  IF D>=0 THEN 30
27  ? "Es gibt keine reellen Nullstellen."
28  ?: GOTO 10
30  ? (-B+SQR(D))/2/A
40  ? (-B-SQR(D))/2/A
50  END
```

(Natürlich bietet es sich auch an, den Fall a=0 als Abbruchbedingung zu verwenden und das Programm für beliebig viele Durchgänge anzulegen.)

Ferner wollen wir noch einmal unser Programm zur Kapitalberechnung mit einem Ausstieg versehen. Dieses Mal soll allerdings nicht die Eingabe eines bestimmten Geldbetrages zum Programmabbruch führen, sondern der Benutzer soll direkt gefragt werden, ob er aufhören möchte oder nicht. Eine mögliche Lösung sieht dann so aus:

```
 2 PRINT
 5 INPUT "Anfangskapital: ",K0
10 INPUT "Zinssatz:       ",P
15 INPUT "Laufzeit:       ",N
20 PRINT K0*(1+P/100)↑N
22 PRINT
25 INPUT "Soll noch eine Berechnung durchgeführt werden? ",A$
28 IF A$ = "Ja" THEN 2
30 END
RUN

Anfangskapital:  624
Zinssatz:        3.5
Laufzeit:        10
 880.2136

Soll noch eine Berechnung durchgeführt werden? Ja

Anfangskapital:  1000
Zinssatz:        5
Laufzeit:        1
 1050

Soll noch eine Berechnung durchgeführt werden? JA
```

Wundern Sie sich über den Programmabbruch? Er wurde dadurch verursacht, daß wir mit JA und nicht mit Ja geantwortet haben. Für den Computer ist das ein Unterschied. Die Bedingung in Zeile 28 ist nicht erfüllt, der Rechner geht somit an das Ende des Programms.
Das ist natürlich lästig, denn ein Benutzer, der das Programm nicht kennt, kann durchaus auf den Gedanken kommen mit JA oder sogar nur mit J zu antworten. Dies kann durch folgende Abänderung des Programms berücksichtigt werden:

```
.
.
26 IF A$ = "J" THEN 2
27 IF A$ = "Ja" THEN 2
28 IF A$ = "JA" THEN 2
30 END
```

Bei Bedarf können Sie diese Liste auch noch erweitern.

BASIC bietet Ihnen aber auch noch eine andere Variante an. Bei Bedarf können Sie nämlich mehrere Bedingungen miteinander koppeln. Dazu stehen die Vokabeln AND und OR zur Verfügung. Diese haben folgende Bedeutung:

Aussage1 AND Aussage2 ist genau dann wahr, wenn sowohl Aussage1 als auch Aussage2 wahr sind.
Aussage1 OR Aussage2 ist genau dann wahr, wenn mindestens eine der beiden Aussagen wahr ist.

Die Regelung für OR weicht ein bißchen vom umgangssprachlichen Gebrauch ab: Eine durch eine Oder-Verknüpfung gebildete Aussage wird nämlich offenbar auch dann als wahr angesehen, wenn beide Teilaussagen wahr sind. Dies entspricht nicht dem "Entweder-Oder", das im Deutschen bei derartigen Konstruktionen manchmal inhaltlich unterstellt wird.

Beispiele für wahre Aussagen:

```
1 < 2 AND 3 < 4
"Maikäfer" < "Mai" OR "Tapete" < "14" OR 5<7
1 < 2 OR 3 < 4
```

Hierzu ein kleines Demonstrationsprogramm:

```
10  INPUT A,B
20  IF A = 1 OR B = 2 THEN 50
30  IF A <> 4 AND B = 3 THEN 60
40  ? "Fall 1" : GOTO 10
50  ? "Fall 2": GOTO 10
60  ? "Fall 3"
70  END
RUN
? 1,5
Fall 2
? 4,3
Fall 1
? 1,2
Fall 2
? 20,3
Fall 3
```

Verknüpfungen von AND und OR sind im allgemeinen in BASIC unzulässig; vermeiden Sie daher Gebilde der Form:

```
IF A<B AND A$<>B$ OR A>1 THEN 10000
```

Auch die Einführung von Klammern ändert nichts daran, doch dies ist nicht einheitlich.

Gleichfalls verboten ist folgendes:

```
IF A<=X<=B THEN 100
```

Hier bietet sich folgende Umschreibungsmöglichkeit an:

```
IF A<=X AND X<=B THEN 100
```

Vielleicht wundern Sie sich, daß keine Klammern gesetzt werden müssen. Dies ergibt sich aus folgender endgültiger Fassung der Prioritätsregeln:

1) Operationen in runden Klammern werden vor denen außerhalb ausgeführt.
2) Zuerst werden Potenz-, dann Multiplikations-, dann Additions-, sodann Vergleichsoperatoren und zuletzt AND und OR ausgeführt.
3) Operationen des gleichen Typs werden von links nach rechts ausgeführt.

Bemerkungen:

1) Manche BASIC-Versionen kennen neben AND und OR auch noch den Operator XOR (von "exclusive OR"). Aussage1 XOR Aussage2 ist dabei genau dann wahr, wenn genau eine der beiden Aussagen wahr ist; dies entspricht dem Entweder/Oder.
2) Sodann verfügen einige BASIC-Versionen zusätzlich über den Operator NOT. Er verneint die ursprünglich dastehende Aussage und ändert damit ihren Wahrheitswert.
3) Abweichend von den oben notierten Prioritätsregeln erfordern manche BASIC-Versionen eine Klammersetzung.
4) Manche Rechner gestatten die Verkettung von AND und OR. Häufig werden sie dann als gleichberechtigt angesehen, und der ganze Ausdruck wird von links nach rechts abgearbeitet.

Mit dem neuen Formalismus erhält unser Verzinsungsprogramm die Form:

```
.
.
25  IF A$="J" OR A$="JA" OR A$="Ja" THEN 2
30  END
```

Eine andere Möglichkeit wird auf S.101 vorgestellt.

Bisher haben wir die IF-THEN-Anweisung nur für den Fall betrachtet, daß hinter THEN eine Zeilennummer folgt, zu der gegebenenfalls verzweigt wird. Dies kann mitunter zu Unübersichtlichkeiten führen. Betrachten wir zum Beispiel den Fall, daß manche Waren in einem Geschäft zum halben, andere dagegen zum vollen Mehrwertsteuersatz berechnet werden. Die Bestimmung des Bruttobetrags könnte dann mit folgendem Programm vorgenommen werden:

```
 10 INPUT "Nettobetrag: ", NETTO
 20 MWST = 0.14
 30 INPUT "Voller Mehrwertsteuersatz? ", A$
 40 IF A$<>"Ja" THEN 90
 50 ? NETTO*(1+MWST)
 60 INPUT "Noch einmal? ", A$
 70 IF A$ = "Ja" THEN 10
 80 GOTO 110
 90 MWST = 0.07
100 GOTO 50
110 END
```

Das Programm läuft wie folgt ab: Zuerst ist ein Nettobetrag einzugeben. Danach wird gefragt, ob der volle Mehrwertsteuersatz in Ansatz gebracht werden soll. Wird etwas anderes als Ja geantwortet, so verzweigt der Rechner nach 90, reduziert den Steuersatz und verzweigt nach 50 zurück, wo der Bruttobetrag ausgedruckt wird. Erscheint dagegen die Antwort Ja, so wird sofort gerechnet und ausgedruckt. Beachten Sie bitte außerdem, daß das GOTO in Zeile 80 zur Vermeidung einer Endlosschleife unbedingt erforderlich ist. Sehen wir uns nun einen Probelauf an:

```
RUN
Nettobetrag: 1265
Voller Mehrwertsteuersatz? Ja
 1442.10
Noch einmal? Ja
Nettobetrag: 100
Voller Mehrwertsteuersatz? Nein
 107
Noch einmal? Nein
```

Das Programm ist vor allem deswegen ziemlich unübersichtlich geworden, weil das Herabsetzen der Mehrwertsteuer weiter hinten im Programm vorgenommen werden mußte. Viel einfacher wäre es doch gewesen, diese Anweisung gleich zum Bestandteil der IF-THEN-Anweisung zu machen. Dies ist tatsächlich möglich, denn BASIC erlaubt auch folgende Struktur der bedingten Anweisung:

IF Bedingung THEN Anweisung

Allerdings sind hierbei im allgemeinen nicht alle Anweisungstypen zulässig. Beispielsweise dürfte es wenig Sinn machen, eine Funktion im Zuge einer IF...THEN-Anweisung zu definieren.

Wir erläutern diese Variante an Hand von einigen Beispielen:

1) Als erstes greifen wir noch einmal das Beispiel zur Berechnung der vollen bzw. halben Mehrwertsteuer auf:

```
10  INPUT "Nettobetrag: ", NETTO
20  MWST = 0.14
30  INPUT "Voller Mehrwertsteuersatz? ", A$
40  IF A$<>"Ja" THEN MWST = 0.07
50  ? NETTO*(1+MWST)
60  INPUT "Noch einmal? ", A$
70  IF A$ = "Ja" THEN 10
80  END
```

Wir haben damit nicht nur drei Zeilen eingespart, sondern das Programm ist viel klarer als vorher geworden. Eine allgemeine Faustregel besagt, daß ein Programm um so schlechter ist, je öfter die Vokabel GOTO darin vorkommt.

2) Ein Kaufmann hat Abrechnungen in Franc und Dollar vorzunehmen. Dabei kann folgendes Programm von Nutzen sein:

```
 10  INPUT "Dollarkurs: ", DOLLAR
 20  INPUT "Franc-Kurs: ", FRANC
 30  ?
 40  INPUT "Geldbetrag: ", ZASTER
 50  INPUT "Währung:    ", WAEHR$
 60  IF WAEHR$ = "Franc" THEN KURS = FRANC
 70  IF WAEHR$ = "Dollar" THEN KURS = DOLLAR
 80  ? ZASTER * KURS
 90  INPUT "Weiter? ", A$
100  IF A$ = "Ja" THEN 30
110  END
RUN
Dollarkurs: 2.50
Franc-Kurs: 0.40

Geldbetrag: 500
Währung:    Franc
 200
 Weiter? Nein
```

3) Als nächstes schreiben wir ein Programm, mit dessen Hilfe die kleinste von drei eingelesenen Zahlen bestimmt werden soll. Dieses Problem würde man natürlich im Kopf schneller lösen können als mit dem Rechner, aber es ist eine gute Vorüberlegung für später zu entwickelnde Sortierprogramme.
Zunächst einmal müssen wir uns darüber klar werden, wie wir eigentlich vorgehen wollen. Die einfachste Idee besteht wohl darin, zuerst die ersten beiden Zahlen zu vergleichen und sodann die kleinere von beiden Zahlen mit der dritten zu vergleichen. Die Zahl, die sich dann als kleinere herausstellt, ist das Gesamtminimum (der Fall, daß

mindestens 2 der Zahlen gleich sind, wird hierbei nicht näher unterschieden).

```
10  INPUT "Geben Sie drei Zahlen ein: ", A,B,C
20  MINI = A
30  IF B < A THEN MINI = B
40  IF C < MINI THEN MINI = C
50  ? MINI
60  END
```

Zum besseren Verständnis protokolliere ich parallel zum Programmablauf auch die Speicherbelegung; natürlich erscheinen weder diese noch der in Klammern hinzugefügte Text auf dem Bildschirm.

```
RUN                                      A    B    C    MINI
Geben Sie die drei Zahlen ein: 4,7,1     4    7    1    0
(Zeile 20:                               4    7    1    4
 Zeile 30:                               4    7    1    4
 Zeile 40:                               4    7    1    1 )
 1
```

4) Als letztes wollen wir unser Programm zum Bestimmen der kleinsten von 3 Zahlen auf Texte übertragen. Gesucht ist also derjenige von drei eingelesenen Texten, der "alphabetisch" am weitesten vorne steht. Die günstigen Eigenschaften der Relationen < etc. bei BASIC gestatten es uns, unser für Zahlen geschriebenes Programm fast wörtlich zu übertragen. Wir müssen lediglich ein Dollarzeichen an die Speichernamen anhängen.

```
10  INPUT "Geben Sie drei Strings ein: ", A$,B$,C$
20  MINI$ = A$
30  IF B$ < A$ THEN MINI$ = B$
40  IF C$ < MINI$ THEN MINI$ = C$
50  ? MINI$
60  END
RUN
Geben Sie die drei Strings ein: Märkl, Seidler, Moosgruber
Moosgruber
```

Wundert Sie das Ergebnis? Nun, dann haben Sie nicht bedacht, daß der Buchstabe ä als Sonderzeichen in der Hierarchie hinter z angesiedelt ist.

5) Das folgende Programm prüft, ob eine beliebige eingegebene Zahl eine Quadratzahl ist oder nicht. Dazu zieht man aus ihr die Wurzel und prüft mit Hilfe der Integer-Funktion, ob dieser Wert ganzzahlig ist. Dies beruht darauf, daß z genau dann eine ganze Zahl ist, wenn INT(z) = z ist.

```
10 PRINT "Geben Sie eine Zahl ein. Abschluß durch 0."
20 INPUT "X = ", X
30 IF X=0 THEN 90
40 IF INT(SQR(X)) = SQR(X) THEN 70
50 PRINT "Es ist keine Quadratzahl."
60 GOTO 20
70 PRINT "Es ist eine Quadratzahl."
80 GOTO 20
90 END
RUN
Geben Sie eine Zahl ein. Abschluß durch 0.
X = 135
Es ist keine Quadratzahl.
X = 625
Es ist eine Quadratzahl.
X = 0
```

Sie können dabei allerdings vielleicht auch eine Überraschung erleben. Vielleicht reagiert Ihr Rechner nämlich so:

```
RUN
Geben Sie eine Zahl ein. Abschluß durch 0.
X = 135
Es ist keine Quadratzahl.
X = 625
Es ist keine Quadratzahl.
X = 0
```

Woran liegt das? 625 ist doch unbestreitbar eine Quadratzahl. Um diesem Phänomen auf die Spur zu kommen, ergänzen wir das Programm um folgende Zeile:

```
35 PRINT SQR(X)
```

Nun lassen wir das so veränderte Programm laufen:

```
RUN
X = 625
24.99999
Es ist keine Quadratzahl.
X =
```

Damit ist alles klar. Der Rechner bekommt beim Wurzelziehen nicht den exakten Wert 25 heraus, sondern 24.99999, und das ist natürlich keine ganze Zahl. Dies ist ein Effekt, auf den man immer achten sollte. Wenn Sie daher im numerischen Bereich irgendwelche Größen auf Übereinstimmung prüfen sollen, ist es oft zweckmäßig, Rundungs- und anderen Fehlern vorzubeugen und eine kleine Fehlertoleranz zuzulassen. Dies kann im Einzelfall ziemlich kompliziert werden. In unserem konkreten Fall könnte man sich beispielsweise so behelfen:

```
40 IF ABS(INT(SQR(X+1E-5))-SQR(X)) < 2E-5 THEN 70
```

Natürlich nimmt man jetzt den Fehler in Kauf, eine Zahl fälschlicherweise für eine Quadratzahl zu halten. Diese Gefahr ist freilich minimal; beachten Sie etwa, daß SQR(1000001)= 1000.001. Das muß aber nicht bei jeder Problemstellung so sein. In der Praxis sollte man daher in solchen Fällen immer sorgfältige Vorüberlegungen anstellen.

Im Regelfall wird es so sein, daß Sie nicht nur eine einzelne Anweisung, sondern eine ganze Anweisungsfolge hinter dem THEN unterbringen können. Die einzelnen Anweisungen werden jeweils durch Doppelpunkte voneinander abgetrennt. Verlassen Sie sich aber nicht blindlings darauf, daß Ihr Rechner über diese Möglichkeit verfügt. Mit folgendem kleinem Programm können Sie das austesten:

```
10  INPUT A
20  IF A = 0 THEN ? 1: ? "Aufgepaßt!": GOTO 40
30  ? "OK"
40  END
```

Hier kann zweierlei passieren:

RUN	RUN
? 3	? 3
OK	Aufgepaßt!

Während der linke Versuch zu unserer Zufriedenheit ausgefallen ist, wurde im rechten Fall alles hinter dem ersten Doppelpunkt Stehende trotz der Vorgabe A<>0 ausgeführt. Diese BASIC-Version hat die Anweisung 20 so aufgefaßt:

```
20  (IF A=0 THEN ?1): ? "Aufgepaßt!":GOTO 40
```

Demzufolge wird unabhängig vom Wert im Speicher A immer Aufgepaßt! auf den Bildschirm geschrieben werden.

Tritt dagegen die linke Variante ein, was meist der Fall sein wird, so bietet sich folgende geschickte Formulierung für das Programm zur Lösung von quadratischen Gleichungen an:

```
10  INPUT "Koeffizienten beginnend bei x↑2 eingeben: ", A,B,C
15  IF A = 0 THEN ?"Keine quadratische Gleichung!": GOTO 10
20  D = B*B-4*A*C
25  IF D<0 THEN ?"Es gibt keine reellen Nullstellen.":?:GOTO 10
30  ? (-B+SQR(D))/2/A
40  ? (-B-SQR(D))/2/A
50  END
```

Auch unser Beispiel 5 läßt sich damit eleganter fassen:

```
10  PRINT "Geben Sie eine Zahl ein. Abschluß durch 0."
20  INPUT "X = ", X
30  IF X=0 THEN 90
40  IF INT(SQR(X)) = SQR(X) THEN ?"Quadratzahl.":GOTO 20
```

```
70 PRINT "Es ist keine Quadratzahl."
80 GOTO 20
90 END
```

Einige BASIC-Versionen verfügen daneben über die Anweisung IF...THEN...ELSE.... Dabei wird zunächst einmal geprüft, ob die hinter IF stehende Bedingung wahr oder falsch ist. Ist sie wahr, so gelangt der THEN-Teil zur Ausführung, ist sie falsch, so wird der ELSE-Teil durchgeführt.

Beispiel:

```
10 INPUT A
20 IF A = 0 THEN 50
30 IF A = 1 THEN ? "AHA!" ELSE ? "SOSO!"
40 GOTO 10
50 END
RUN
? 4
SOSO!
? 171
SOSO!
? 1
AHA!
? 0
```

Dies ist eine sehr leistungsfähige Anweisung, die wesentlich zur Verbesserung der Übersichtlichkeit von Programmen beiträgt. Da aber einige sehr gängige BASIC-Versionen noch nicht über diese Variante verfügen, lasse ich sie in der Folge außer Betracht.

Schließlich betrachten wir noch eine Anweisung, mit deren Hilfe Fallunterscheidungen vorgenommen werden können. Formal ist sie von der Gestalt:

ON num.Var. GOTO Zeilennr.,Zeilennr....

Stößt der Rechner auf diese Anweisung, so ermittelt er den aktuellen Wert der hinter ON stehenden Variablen und rundet ihn auf die nächste ganze Zahl, sagen wir auf N. Ist N negativ, so erfolgt eine Fehlermeldung. Ansonsten verzweigt der Rechner falls vorhanden zur N-ten hinter GOTO stehenden Zeilennummer; stehen weniger als N Zeilennummern da, oder ist N gleich 0, so setzt er die Programmausführung mit der auf ON...GOTO folgenden Zeile fort.
Auch hier fördert ein kleines Demonstrationsprogramm wieder das Verständnis:

```
10  INPUT I
20  IF I = 0 THEN 80
30  ON I GOTO 50,60,70
40  PRINT "Ziel 1.": GOTO 10
50  PRINT "Ziel 2.": GOTO 10
60  PRINT "Ziel 3.": GOTO 10
70  PRINT "Ziel 4.": GOTO 10
80  END
RUN
? 1
Ziel 2.
? 3
Ziel 4.
? 4
Ziel 1.
? 2.6
Ziel 4.
? 0.2
Ziel 1.
? -1
Fehlermeldung.
```

Bemerkung:

Bei manchen BASIC-Versionen wird der Wert der numerischen Variablen nicht gerundet; stattdessen wird wie bei der Funktion INT der Nachkommateil abgehackt.

Als praktisches Beispiel für eine Fallunterscheidung schreiben wir ein Programmstück, das dem Benutzer die Auswahl zwischen verschiedenen Optionen ermöglicht. So etwas nennt man in der Datenverarbeitung ein Menü.

```
10  PRINT "MENÜ":PRINT
20  PRINT "Kunden aufnehmen                    1"
30  PRINT "Kundendaten ändern                  2"
40  PRINT "Kunden löschen                      3"
50  PRINT
60  INPUT "Was wird gewünscht? ",I
70  ON I GOTO 1000,2000,3000
.
.
```

Natürlich ist dabei zu unterstellen, daß ab den Zeilen 1000,2000 und 3000 Programmteile stehen, die das Gewünschte leisten.

```
RUN
MENÜ

Kunden aufnehmen                          1
Kundendaten ändern                        2
Kunden löschen                            3

Was wird gewünscht?
```

Damit ein günstiger optischer Eindruck entsteht, waren wir gezwungen, im Programm sorgfältig die Leerzeichen vor den Ziffern abzuzählen. Das ist zwar nicht schwierig, aber gleichwohl lästig. Im nächsten Paragraphen wird ein Ausweg aufgezeigt werden.

Bemerkung:

Einige BASIC-Versionen verfügen zur Formulierung von Fallunterscheidungen neben ON...GOTO auch noch über die wesentlich leistungsfähigere SELECT-Anweisung. Ihre Darstellung sprengt den Rahmen dieses Buches; konsultieren Sie Ihr Handbuch.

Übungsaufgaben:

2.10 Welche der folgenden Vergleiche sind wahr?

a) "Buxtehude" < "NORDKAP"   b) "FKK" < "FK Pirmasens"
c) "Ulm 1846" <= "Ulm"   d) "Länge" < "Lupo"
e) "24" < "10000"   f) 24 < 10000

2.11 Welche der folgenden Aussagen sind wahr?

a) 1<>3 AND 4<5 AND "Mathe" > "Physik"
b) 1<>3 OR 4<5 OR "Mathe" > "Physik"
c) 1<>3 OR 4<5

2.12 Was ist alles an folgendem Programm nicht in Ordnung?

```
10 INPUT A,B
20 IF B=0 THEN ? "Nenner darf nicht 0 sein."
30 ? A/B
40 INPUT "Weiter? ":C
50 IF C<>"Ja" THEN 60
55 GOTO 10
60 END
```

Führen Sie die Berichtigung durch!

2.13 a) Schreiben Sie ein Programm, das das Maximum von drei einzulesenden Zahlen bestimmt und ausdruckt.

b) Lösen Sie die analoge Aufgabe für drei Texte.

2.14 a) Schreiben Sie ein Programm, das zu gegebenem Bruttobetrag bei 14% Mehrwertsteuer den Nettobetrag berechnet.
b) Lösen Sie dieselbe Aufgabe, falls auch der halbe Mehrwertsteuersatz in Frage kommt.

2.15 Bekanntlich ist nach dem Satz des Pythagoras ein Dreieck genau dann rechtwinklig, wenn das Quadrat der längeren Seite gleich der Summe der Quadrate der kürzeren Seiten ist. Schreiben Sie ein Programm, das feststellt, ob ein Dreieck mit den Seiten a<=b<=c rechtwinklig ist, und testen Sie es für die Werte 3, 4 und 5.

2.4 Die Standardausgabe

In diesem Abschnitt beschäftigen wir uns etwas genauer mit der PRINT-Anweisung. Bis jetzt wissen wir, wie man mit Hilfe von PRINT Zahlen ausgeben kann und wie sich Komma und Semikolon auf die Ausgabe auswirken. Zur Wiederholung betrachten wir folgendes Programm:

```
10  A = 3 : B = -10
20  PRINT,A,,B
30  PRINT
40  PRINT A;B,
50  PRINT A
60  PRINT A;
70  PRINT B
80  END
```

Überlegen Sie kurz, welche Ausgabe es bewirken wird, und probieren Sie es dann an Ihrem Rechner aus. Hier ist die Lösung für den bisher unterstellten Fall, daß jede 8te Position eine Tabulatorposition ist:

```
          3               -10


 3 -10   3
 3 -10
```

Vergessen Sie dabei bitte nicht die Leerzeichen, die bei der Ausgabe von Zahlen auftreten.

Mitunter möchte man gerne von den durch die Tabulatorvoreinstellung fixierten Positionen abweichen. Dies kann wie bisher geschehen, indem man die Leerzeichen auszählt; bequemer ist freilich die Verwendung der TAB-Funktion. Diese bewirkt, daß die nächste Ausgabe in der Spalte vorgenommen wird, die durch ihr Argument festgelegt ist; wenn nötig, wird dazu ein Zeilenvorschub gemacht.

Beispiel:

```
 5  PRINT "123456789012345678901234567890"
10  PRINT TAB(13);-10;TAB(22);-5
20  PRINT ,-9;TAB(6);4
30  END
RUN
123456789012345678901234567890
             -10      -5
          -9
      4
```

Hinter den Aufruf der TAB-Funktion setzt man im Regelfall ein Semikolon. Es hat ja auch keinen Sinn, nach der Ausführung von TAB noch einen Tabulatorsprung durchführen zu lassen. Schließlich sei noch angemerkt, daß das Argument von TAB ein beliebiger numerischer Ausdruck sein darf.

Das letzte Beispiel des vorigen Paragraphen kann man jetzt wie folgt gestalten:

```
10  PRINT "MENÜ":PRINT
20  PRINT "Kunden aufnehmen";TAB(39);"1"
30  PRINT "Kundendaten ändern";TAB(39);"2"
40  PRINT "Kunden löschen   ";TAB(39);"3"
50  PRINT
60  INPUT "Was wird gewünscht? ",I
70  ON I GOTO 1000,2000,3000
.
```

Achten Sie bitte darauf, daß eine Lösung der Art

```
20  PRINT "Kunden aufnehmen",,"1"
etc.
```

nicht notwendig zu einem guten Ausgabebild führen muß. Dies setzt nämlich voraus, daß der Text vor den beiden Kommata immer vor derselben Tabulatorposition enden muß. In der Tat würde die konsequente Umformulierung unseres Beispiels nach obigem Muster zu folgendem Programmlauf führen:

```
RUN
Menü

Kunden aufnehmen                    1
Kundendaten ändern                  2
Kunden löschen          3
```

Was wird gewünscht?

Der Text "Kunden löschen" ist nämlich so kurz, daß er salopp gesprochen eine Tabulatorposition früher aufhört als dies bei den anderen Zeilen der Fall ist.

Die TAB-Funktion ist dann von Nutzen, wenn man von vornherein eine bestimmte Ausgabespalte anstrebt. Manchmal möchte man aber auch, daß die nächste Ausgabe einen bestimmten Abstand zu der vorherigen einhält. Hier hilft die Funktion SPC (von "space"). Die Schreibmarke rückt nach der letzten Ausgabe um so viele Stellen weiter, wie durch das Argument festgelegt wird. Wiederum kann das Argument ein beliebiger numerischer Ausdruck sein.

Beispiel:

```
 5 ?"1234567890123456789012345678901234567890"
10 A = 12345 : B = 123456789 : C = 4
20 ? A;SPC(6);B;TAB(35);-2
30 ?SPC(5);A;SPC(C);-2
40 END
RUN
1234567890123456789012345678901234567890
 12345      123456789          -2
      12345    -2
```

Bisher haben wir uns in erster Linie darum gekümmert, welchen Ausdruck ein bestimmtes Programm oder eine Anweisung liefert. Normalerweise haben Sie aber in der Praxis gerade das umgekehrte Problem, nämlich das Programm so zu basteln, daß ein bestimmtes Schriftbild entsteht. Das wollen wir jetzt üben. Ausgangspunkt ist dabei unser Programm zur Nullstellenbestimmung bei quadratischen Gleichungen. Zur Vermeidung von Schreibarbeit wollen wir es allerdings etwas modifizieren:

```
 10 INPUT "Gib die Koeffizienten beginnend bei x↑2 ein: ",A,B,C
 20 D = B*B - 4*A*C
 30 X1 = (-B+SQR(D))/2/A
 40 X2 = (-B-SQR(D))/2/A
 50 ? X1
 60 ? X2
100 END
```

Wir geben jeweils nur die Zeilen an, die hinzugefügt oder geändert werden.

a) Erwünscht ist der Ausdruck:

```
    Die Nullstellen lauten:
    .....
    .....
```

Dies ist ganz leicht zu realisieren. Wir müssen nur die Zeile

```
    45  ? "Die Nullstellen lauten:"
```

einfügen.

b) Erwünscht ist:

```
    Die Nullstellen lauten:
        .....
        .....
```

Jetzt müssen wir also die Nullstellen um 4 Positionen eingerückt ausdrucken. Anders gesagt, die Nullstelle soll ab der fünften Position notiert werden (positive wegen des fehlenden Vorzeichens sogar erst ab der sechsten).

```
    45  ?"Die Nullstellen lauten:"
    50  ? TAB(5); X1
    60  ? TAB(5); X2
```

Statt TAB(5) hätten wir auch jederzeit SPC(4) oder "␣␣␣␣" schreiben können. Achten Sie auf den Unterschied: Wir lassen 4 Plätze frei, schreiben aber von der 5. Position ab.

c) Jetzt wollen wir haben:

```
    Die Nullstellen lauten:
        .....       .....
```

Hier müssen wir wohl oder übel auszählen, an der wievielten Stelle das "l" von "lauten" steht; offenbar ist dies Position 17. Damit erhalten wir:

```
    45 ?"Die Nullstellen lauten:"
    50 ? TAB(5);X1;TAB(17);X2
   100 END
```

Zeile 60 entfällt also.

An dieser Stelle wollen wir einige falsche Varianten diskutieren. Dabei sollen die Zeilen 10-45 nicht verändert werden.

i)

```
    50 ? TAB(5);X1
    60 ? TAB(17);X2
```

Dies liefert den Ausdruck:

```
    Die Nullstellen lauten:
        -.5
                    -2
```

Das kommt daher, daß nach Ausführung von Zeile 50 ein Wagenrücklauf durchgeführt wird. Durch folgende Variation kann er unterbunden werden:

```
50  ?TAB(5);X1;
60  ?TAB(17);X2
```

Das Semikolon am Ende von Zeile 50 bewirkt, daß die Schreibmarke festgehalten wird.

ii)
```
 50  ?TAB(5);X1;SPC(9);X2
100  END
```

Dies liefert:

```
Die Nullstellen lauten:
    -.5          -2
```

Woran liegt dies? Nun, wir haben beim Auszählen vergessen, daß hinter der Zahl -.5 noch ein Leerzeichen erzeugt wird. Doch auch ohne diesen Umstand wäre diese Variante untauglich, denn sie setzt praktisch voraus, daß man weiß, wieviele Stellen die erste Lösung hinter dem Dezimalpunkt hat, und das ist eine ganz und gar unrealistische Voraussetzung. Setzt man z.B. A = 1, B = 0, C = -2, so erhält man:

```
Die Nullstellen lauten:
     1.414214         -1.414214
```

Hier ist also die Verwendung von TAB eindeutig vorzuziehen.

d) Jetzt soll dastehen:

```
X1 = .....
X2 = .....
```

Hier bietet sich folgende Lösung an:

```
50  ?"X1 = ";X1
60  ?"X2 = ";X2
```

Im einzelnen passiert hier folgendes: Zuerst schreibt der Rechner den Text "X1 = ", und zwar inklusive der Leerzeichen. Das danach im Programm stehende Semikolon hält die Schreibmarke fest. Nun soll der Inhalt von X1 ausgegeben werden. Da danach weder ein Komma noch ein Semikolon folgt, wird ein Zeilenvorschub gemacht und der Rechner wartet auf weitere Ausgabeanweisungen. Eine derartige Mischung von Texten und Speichernamen wird uns in der Folge noch oft begegnen.

e) Nächster Wunsch:

```
Die Nullstellen lauten:
     X1 = .....          X2 = .....
```

Hier müssen wir zunächst wieder einmal zählen. Dies führt zu:

```
50  ?TAB(5);"X1 = ";X1;TAB(24);"X2 = ";X2
```

f) Schließlich wollen wir folgenden komfortablen Text erzeugen:

```
Die quadratische Gleichung ..... x↑2 + ..... x + ..... = 0
hat die Nullstellen ..... und ..... .
```

Wenn wir nicht gewärtig sein wollen, für jede quadratische Gleichung den Text neu schreiben zu müssen, müssen wir auch für die erste Ausgabezeile auf Speicherwerte zurückgreifen. Besonders zu beachten ist dabei, daß positive Zahlen von je einem Leerzeichen eingerahmt werden. In Kauf nehmen müssen wir für den Augenblick, daß das Druckbild bei negativen Koeffizienten noch zu wünschen übrig läßt; Abhilfe hierzu finden Sie auf S.145.

```
50 ? "Die quadratische Gleichung ";A;"x↑2 +";B;"x +";C;"= 0"
60 ? "hat die Nullstellen ";X1;"und ";X2
```

Bisher sind wir stets davon ausgegangen, daß alle Ausgabewerte auf dem Bildschirm erscheinen sollten. In vielen Fällen wird man aber bestrebt sein, die Ergebnisse auf einen Drucker oder eine Schreibmaschine auszugeben. Die Ansteuerung eines derartigen externen Geräts ist allerdings sehr rechnerspezifisch. Grundvoraussetzung ist natürlich, daß die Schreibmaschine physikalisch mit dem Rechner verbunden und ON-LINE geschaltet ist, also Befehle direkt vom Rechner und nicht über ihre eigene Tastatur erwartet. Ich skizziere hier nur einige sehr gebräuchliche Varianten:

1) Der Drucker wird mit der Nummer des Slots angesprochen, in dem die betreffende Interface-Karte steckt (das ist die Karte, an der Drucker hängt). Ist dies Slot 1, so gibt man die Anweisung:

```
ZNR. ? CHR$(4);"PR#1"
```

Sämtliche Ausgaben erfolgen dann so lange auf dem Drucker, bis der gegenteilige Befehl

```
ZNR. ? CHR$(4);"PR#0"
```

gegeben wird. Diese Variante ist zum Beispiel in APPLESOFT verwirklicht.

2) Der Drucker wird über einen Kanal angesteuert. Man eröffnet dazu eine fiktive Datei. Dies sieht so aus:

```
ZNR. OPEN 7,4,5
```

Dabei ist 7 der Dateiname, 4 wählt den Drucker an und 5 ist ein weiterer, hier uninteressanter Parameter. Alle PRINT-Anweisungen der Art PRINT #7, Ausgabeliste gehen auf den Drucker. Parallel dazu ist es möglich, durch Anweisungen der Art PRINT Ausgabeliste auf dem Bildschirm Ausgaben vorzunehmen. Nach Beendigung der Druckerausgabe sollte man den angesprochenen Kanal wieder schließen. Dies erledigt die Anweisung

```
ZNR. CLOSE #7
```

Das hier beschriebene Verfahren ist im Prinzip auf dem COMMODORE realisiert; es hat Ähnlichkeit mit der Vorgabe durch den ANSI-Norm-Entwurf.

3) Es gibt einen speziellen PRINT-Befehl zum Ansteuern des Druckers; man schreibt einfach LPRINT Ausgabeliste statt PRINT Ausgabeliste, wenn etwas am Drucker ausgegeben werden soll. Diese Situation finden Sie beim IBM-PC vor.

Beispiel:
Wir wollen am Drucker den Text "Test", danach am Bildschirm den Text "Fertig" ausgeben. Dies geschieht bei den 3 Varianten wie folgt:

1)
```
10 PRINT CHR$(4);"PR#1"
20 PRINT "Test"
30 PRINT CHR$(4);"PR#0"
40 PRINT "Fertig"
50 END
```

2)
```
10 OPEN 7,4,5
20 PRINT #7,"Test"
30 PRINT "Fertig"
40 CLOSE 7
50 END
```

3)
```
10 LPRINT "Test"
20 PRINT "Fertig"
30 END
```

Ich werde mich in Zukunft an dem unter 3) geschilderten Verfahren orientieren, empfehle Ihnen aber dringend, die Verhältnisse bei Ihrem Rechner im zugehörigen Handbuch zu eruieren. Sie müssen dann bei Beispielen mit Druckerausgabe gegebenenfalls die nötigen Modifikationen vornehmen.

Bemerkungen:

1) Einige Rechner bieten die Möglichkeit, durch Betätigen einer Taste den momentanen Bildschirminhalt auf den Drucker auszugeben. Man spricht von einer Hardcopy. Beim IBM-PC ist dies die Taste PrtSc ("print screen").
2) Die in 1) beschriebene Methode führt zu einer einmaligen Kopie des Bildschirminhalts. Wollen Sie ein ständiges Protokoll haben, so müssen Sie gleichzeitig auf CTRL und PrtSc drücken. Dies wirkt sich so aus, daß jede Ausgabe am Bildschirm so lange simultan auch auf den Drucker ausgegeben wird, bis Sie erneut denselben Befehl geben.

Übungsaufgaben:

2.16 Was für einen Ausdruck liefert das Programm:

```
10  ? "Barney Geröllheimer","Fred Feuerstein"
20  ?:?
30  ? "3 ist größer als 4."
40  ?3;"ist größer als";4;"."
50  ?4;SPC(5);5,SPC(2);"Demo"
60  END
```

2.17 Was für einen Ausdruck liefert folgendes Programm:

```
10  A = 250 : B = -3
20  ?"Da stehen die Zahlen";A;"und";B
30  ? "A+B = ";A+B
40  ? A;"*";B;"= ";A*B
50  ? "A/B =";
60  ? A/B
70  END
```

2.18 Ergänzen Sie das Programm zum Lösen von quadratischen Gleichungen so, daß folgendes auf dem Bildschirm erscheint:

```
Das Polynom mit den Koeffizienten
          A = .....
          B = .....
          C = .....
hat die Nullstellen
          X = .....          und
          Y = .....
```

2.19 Schreiben Sie Programme, die folgendes auf den Bildschirm schreiben:

a)

```
        Kurt Beispiel
        Hauptstr. 26
   7900 Ulm
```

b) 18 20 22 23 24 27 ...

2.20 Lösen Sie die letzten beiden Aufgaben so, daß die Ausgabe am Drucker erfolgt.

2.5 Die FOR-NEXT-Schleife

Stellen Sie sich vor, Sie wollen eine Tabelle der ersten 10 Quadrat- und Kubikzahlen ausgeben. Das ist mit den bisherigen Hilfsmitteln kein Problem. Zum Beispiel könnten Sie wie folgt verfahren:

```
10  I = 1
20  PRINT I,I*I,I*I*I
30  I = I+1
40  IF I<11 THEN 20
50  END
RUN
 1       1       1
 2       4       8
 3       9       27
 .       .       .
 10      100     1000
```

Abgesehen davon, daß die äußere Form zu wünschen übrig läßt, ist das Problem damit gelöst. Die meisten Rechner lassen auch noch folgende elegantere Fassung zu:

```
10  I = 1
20  IF I<11 THEN PRINT I,I*I,I*I*I:I=I+1:GOTO 20
30  END
```

Charakteristisch für diese Programmstrukturen ist, daß ein und dasselbe Programmstück wieder und wieder durchlaufen wird. So etwas nennt man eine Schleife. Grob gesagt kann man zwei Typen von Schleifen unterscheiden: im einen Fall weiß man von vornherein, wie oft das Programmstück durchlaufen werden muß, im anderen Fall dagegen nicht. In diesem Abschnitt beschäftigen wir uns mit dem zuerst genannten Fall.

BASIC bietet hierfür einen besonderen Formalismus an, nämlich die sogenannte FOR...NEXT Schleife. Wir sehen uns ihre Wirkungsweise an einem einfachen Beispiel an:

```
10  FOR I = 1 TO 5
20     PRINT I
30  NEXT I
40  PRINT "Fertig."
50  END
RUN
 1
 2
 3
```

```
 4
 5
Fertig.
```

Wie Sie sehen, nimmt die Variable I der Reihe nach die Werte 1,2,3,4 und 5 an; für jeden dieser Werte wird die Schleife zwischen FOR und NEXT durchlaufen. Wird die obere Grenze überschritten, so wird die Programmausführung mit der hinter NEXT stehenden Anweisung fortgesetzt. Zur optischen Hervorhebung der wieder und wieder durchlaufenen Anweisungen rücken wir diese ein. Ich würde Ihnen dringend raten, ebenfalls so zu verfahren, falls Ihr Rechner die Leerzeichen beim Auslisten nicht unterdrückt.

Wir haben bis jetzt nur die Grundform der FOR...NEXT-Schleife kennengelernt. Tatsächlich hat man weitaus größere Freiheiten:

1) Die beiden Begrenzungen des "Laufbereichs" können Variable, ja sogar ganz beliebige numerische Ausdrücke sein:

```
10  INPUT A,B
20  FOR I = A TO B-A
30     PRINT I,2*I
40  NEXT I
50  END
RUN
? 2,7
 2         4
 3         6
 4         8
 5         10
```

2) Durch Hinzufügen von STEP gefolgt von einem numerischen Ausdruck kann die Schrittweite variiert werden:

```
10  FOR I = 1 TO 3 STEP 0.5
20     PRINT I,
30  NEXT I
40  END
RUN
 1        1.5      2         2.5      3
```

3) Es ist nicht nötig, daß man durch fortgesetztes Addieren der Schrittweite zur unteren Grenze genau die obere Grenze erreicht:

```
10  FOR I = 1 TO 9 STEP 3
20     PRINT I;"  ";
30  NEXT I
40  END
```

```
RUN
 1    4    7
```

4) Die Schrittweite kann durchaus negativ sein:

```
10  FOR TEST = 9 TO 5 STEP -2
20      PRINT TEST
30  NEXT TEST
40  END
RUN
 9
 7
 5
```

Zur Übung stellen wir noch einmal für einige Laufanweisungen die Werte zusammen, die die Laufvariable beim Durchlaufen der Schleife annimmt:

Lauf-Anweisung	Werte der Laufvariablen
FOR I = 1 TO 6	I = 1,2,3,4,5,6
FOR J = 5 TO 1 STEP -2	J = 5,3,1
FOR A1 = 2 TO 7 STEP 3	A1 = 2,5
FOR ALPHA = 1 TO 5 STEP 20	ALPHA = 1

Kritisch ist der Fall, daß eine Schleife auf Grund der bei FOR bzw. TO stehenden Werte an sich überhaupt nie zu durchlaufen wäre. Betrachten Sie hierzu folgendes Beispiel:

```
10  FOR I = 1 TO -2
20      PRINT I
30  NEXT I
40  PRINT "Fertig."
50  END
```

Hier ist die Reaktion der Rechner nicht einheitlich; das Verhalten des Computers hängt im wesentlichen davon ab, ob die Überschreitung des festgesetzten Endwerts in der Zeile mit FOR... oder erst in der Zeile mit NEXT... überprüft wird. Dementsprechend sind folgende zwei Varianten denkbar:

```
RUN                          RUN
Fertig.                       1
                             Fertig.
```

Laut BASIC-Norm-Entwurf müßte der linke Fall eintreten, in der Praxis wird dagegen der rechte Fall häufiger anzutreffen sein. Prüfen Sie unbedingt, zu welcher Kategorie Ihr Rechner gehört. "Leere" Schleifen kommen in der Praxis immer wieder vor, denn oft sind die Grenzen des Laufbereichs durch Variable festgelegt. Sie sollten wissen, wie Ihr Computer in so einem Falle reagiert, denn je nach Sachlage wird eine Fallunterscheidung zur Vermeidung einer Fehlermeldung nötig sein oder nicht.

Ferner ist es von Interesse, welchen Wert der "Laufparameter" nach Abschluß der Schleife hat. Auch dies kann leider verschieden sein. Im Normalfall dürfte er aber gerade den Wert haben, der zur Über- bzw. Unterschreitung des Endwertes führte. Sie können dies an Hand des folgenden Programmes testen:

```
10  FOR AE = 1 TO 9 STEP 5
20      PRINT AE
30  NEXT AE
40  PRINT "Wert nach dem Verlassen: ";AE
50  END
```

Normalerweise kommt dann folgende Reaktion:

```
RUN
 1
 6
Wert nach dem Verlassen:  11
```

Weiterhin sei angemerkt, daß bei manchen Rechnern auf die Wiedergabe der Laufvariablen bei NEXT verzichtet werden kann. Steht sie doch da, so wird eigens geprüft, ob auch tatsächlich der richtige Name verwendet wurde. Die Programme werden also schneller ausgeführt, wenn sie fehlt. Auf der anderen Seite verbessert sich natürlich die Lesbarkeit des Programms, wenn der Name mit dabei steht; dies gilt insbesondere dann, wenn Sie mit vielen verschiedenen oder aber mit ineinandergeschachtelten Schleifen arbeiten.

Die folgenden Regeln zur Handhabung von FOR-NEXT-Schleifen sollten Sie stets beachten:

1) Springen Sie nie aus einer Schleife heraus.
2) Zu jeder Schleife darf nur ein einziges NEXT gehören.
3) Springen Sie nicht in eine Schleife hinein.
4) Vermeiden Sie es, irgendwelche Anweisungen überflüssigerweise innerhalb einer Schleife abhandeln zu lassen. Dies kann bei der Programmausführung sehr viel Zeit kosten (vgl. S.134).

Während die Mißachtung der zweiten und dritten Regel normalerweise zu einer Fehlermeldung führt, ist die erste Regel eher eine Stilfrage; ihr Nichtbefolgen zieht bei sorgfältiger Handhabung keine Weiterungen nach sich. Man kann also über sie streiten. Betrachten Sie dazu folgendes Programm, mit dessen Hilfe Quadrate von eingelesenen Zahlen berechnet werden können:

```
10  PRINT "Gib die zu quadrierenden Zahlen ein. Abschluß durch"
20  PRINT "Eingabe von 0."
30  FOR I = 1 TO 100000
40      INPUT X
50      IF X=0 THEN 80
60      PRINT X*X
70  NEXT I
80  PRINT "Fertig."
90  END
```

In diesem Programm hat die FOR-NEXT-Schleife salopp gesprochen nur die Funktion, den Programmablauf so lange am Leben zu halten, bis er durch die Bedingung in Zeile 50 abgewürgt wird. Die Vorgabe 100000 in Zeile 30 ist dabei natürlich ganz willkürlich; der Programmierer hat einfach einen Wert benannt, den er mit Sicherheit nie auch nur im entferntesten erreichen wird. Ich empfinde diese Vorgehensweise als sehr unsauber, auch wenn sich der gewünschte Erfolg einstellt. Dieses Verfahren ist der Lesbarkeit und der Verständlichkeit des Programms völlig abträglich. Versuchen Sie, eine bessere Problemlösung zu finden!

Ich beschließe diesen Abschnitt mit einer Reihe von Beispielen:

1) Als erstes behandeln wir ein Programm für die Erstellung der eingangs angestrebten Tabelle der ersten 10 Quadrat- und Kubikzahlen. Wir verallgemeinern diese Fragestellung sogar und erlauben eine beliebige Schrittweite und beliebige Grenzen:

```
10  INPUT "Untergrenze:  ", A
20  INPUT "Obergrenze:   ", B
30  INPUT "Schrittweite: ", C
40  PRINT
50  FOR I = A TO B STEP C
60      ? I,I*I,I*I*I
70  NEXT I
80  END
RUN
Untergrenze:  1
Obergrenze:   10
Schrittweite: 1
 1        1        1
 2        4        8
 3        9        27
 4        16       64
 ....................
 10       100      1000
```

```
RUN
Untergrenze:  1
Obergrenze:   3
Schrittweite: 0.1

 1       1       1
 1.1     1.21    1.331
 1.2     1.44    1.728
 ....................
 3       9       27
```

2) Als nächstes wollen wir anzeigen, wie ein Kapital bei festem Zinssatz im Lauf der Jahre anwächst; dies verallgemeinert unser Standardbeispiel zur Verzinsung.

```
10  INPUT "Kapital:  ", KO
20  INPUT "Zinssatz: ", P
30  FOR N = 1 TO 7
40      ? N,KO*(1+P/100)↑N
50  NEXT N
60  END
RUN
Kapital:  10000
Zinssatz: 5
 1        10500
 2        11025
 3        11576.25
 4        12155.06
 5        12762.81
 6        13400.95
 7        14071
```

3) In vielen Anwendungen taucht der Ausdruck n! (gelesen: n-Fakultät) auf. Er ist folgendermaßen erklärt:

$$n! = 1*2*3*...*n \, .$$

Beispielsweise ist

$$4! = 1*2*3*4 = 24 \, .$$

Es soll ein Programm geschrieben werden, das für beliebiges n die Berechnung von n! erlaubt:

```
10  INPUT "N = ",N
15  FAK = 1
20  FOR I = 1 TO N
30      FAK = FAK*I
40  NEXT I
50  PRINT N;"! =";FAK
60  END
```

```
RUN
N = 5
 5 ! = 120
```

Die Zeile 15 ist wichtig, denn sonst wird ja FAK automatisch auf 0 gesetzt, und Zeile 30 vermag daran nichts zu ändern.
Natürlich wird obiges Programm nicht ordentlich arbeiten, wenn für N keine natürliche Zahl eingegeben wird. Ein vorsichtiger Programmierer sichert sich gegen diesen Benutzerfehler ab. Natürliche Zahlen sind dadurch gekennzeichnet, daß INT(N) = N gilt und N positiv ist. Man könnte also folgende Sicherung einbauen:

```
12  IF INT(N)<>N OR N<=0 THEN 10
```

4) Eine bekannte Anekdote besagt, der Erfinder des Schachspiels habe sich als Belohnung die Gesamtheit der Weizenkörner erbeten, die sich ergibt, wenn man auf das erste Feld des Schachbretts 1 Korn, auf das zweite 2 Körner, auf das dritte 4 Körner und allgemein auf jedes folgende Feld doppelt soviele Körner wie auf das vorhergehende legt. Wieviele Körner müßte er insgesamt bekommen?
Der mathematische Kern dieser Geschichte besteht darin, folgende Summe zu berechnen:

$$1 + 2 + 4 + 8 + 16 + \ldots + 2^{63}$$

Dies erledigt folgendes Programm:

```
10  FOR I = 0 TO 63
20      SUMME = SUMME + 2↑I
30  NEXT I
40  PRINT SUMME
50  END
RUN
 1.844674E+19
```

(Mathematisch Vorbelastete wissen, daß eine derartige geometrische Summe auch über eine geschlossene Formel berechnet werden kann.)

5) Als nächstes schreiben wir ein Programm, das längs einer "Diagonalen" das Wort HALLO auf den Bildschirm schreibt. Dazu stellen wir uns vor, daß der Bildschirm eine Breite von 80 Zeichen besitzt. Das Ganze soll in etwa so aussehen:

```
HALLO
     HALLO
          HALLO
               .....
```

Hier kann man folgendes Programm benützen:

```
10  FOR J = 1 TO 75 STEP 5
20      PRINT TAB(J);"HALLO"
30  NEXT J
40  END
```

Übungsaufgaben:

2.21 Schreiben Sie Programme zur Berechnung von:

a) 1 + 1/4 + 1/9 + ... 1/N↑2 ; N beliebig

b) $\sqrt{1} \cdot \sqrt{1{,}1} \cdot \ldots \cdot \sqrt{1{,}9} \cdot \sqrt{2}$

c) $1^1 \cdot 1{,}1^{0{,}9} \cdot 1{,}2^{0{,}8} \cdot \ldots 1{,}9^{0{,}1} \cdot 2^0$

2.22 a) Schreiben Sie ein Programm, welches im Bereich [1,3] bei einer Schrittweite von 0.1 eine Wertetafel von f(x) = ln x auf den Bildschirm ausgibt.

b) Ergänzen Sie das Programm dahingehend, daß sowohl der Bereich als auch die Schrittweite im Dialog eingegeben werden können.

2.23 Schreiben Sie ein Programm, das anzeigt, auf welchen Betrag ein Kapital von 10000 DM in 10 Jahren anwächst, wenn die Zinssätze 5%, 5.5%,...,10% betragen.

2.24 Schreiben Sie ein Programm, das einen ganzen Bildschirm von 24 Zeilen und 80 Zeichen pro Zeile mit dem Vereinsnamen SSV Ulm 1846 vollschreibt.

2.25 Schreiben Sie ein Programm, das folgendes Muster erzeugt:

```
HALLO                           HALLO
     HALLO                 HALLO
          HALLO       HALLO
               HALLOHALLO
```

2.26 Ein Kaufmann will wissen, wieviel er durchschnittlich im Monat einnimmt. Schreiben Sie ein Programm, daß dies leistet, wenn die Einnahmen der einzelnen Monate eingegeben werden.

2.27 Schreiben Sie ein Programm, welches bei bekanntem Stichprobenumfang das arithmetische Mittel von einzulesenden Werten, also ihren Durchschnitt, berechnet.

2.6 Allgemeine Schleifen

Bei den Schleifen des vorigen Abschnitts wußte man bereits im voraus zumindest implizit, wie oft sie durchlaufen werden sollten. Bei zahlreichen Problemen, die mit Schleifen gelöst werden können, ist dies aber nicht der Fall, sei es, weil es von der Natur der Sache her nicht möglich ist, sei es, weil die Verwendung von FOR...NEXT zu unnötig komplizierten Vorüberlegungen führen würde.
Im Grunde sind wir mit dieser Situation bereits vertraut; als wir nämlich verschiedene Programme so gestaltet haben, daß sie für unterschiedliche Eingabedatengruppen laufen konnten, war dies nichts anderes als eine Schleife dieses Typs. Kennzeichnend dafür ist, daß eine bestimmte Anweisungsfolge so oft durchlaufen wird, bis eine bestimmte Bedingung erfüllt wird (z.B. Eingabe einer negativen Zahl) oder bis eine bestimmte Bedingung falsch wird. Wir starten mit einer Reihe von Beispielen:

1) Ein Kaufmann möchte einem Kunden eine Rechnung stellen, in der mehrere Positionen zusammenkommen. Das folgende Programm erlaubt die Erfassung der einzelnen Rechnungsposten und gibt die Summe aus:

```
10  ? "Geben Sie die Posten ein. Abbruch durch Eingabe von 0."
20  INPUT TEILPREIS
30  SUMME = SUMME + TEILPREIS
40  IF TEILPREIS <> 0 THEN LPRINT TEILPREIS
50  IF TEILPREIS <> 0 THEN 20
60  LPRINT "Summe: ";SUMME
70  END
```

Natürlich hätten es die meisten BASIC-Versionen erlaubt, die Zeilen 50 und 60 etwa in der Form

```
50  IF TEILPREIS<>0 THEN LPRINT TEILPREIS:GOTO 20
```

zusammenzuziehen.

Von der Natur der Sache her müssen wir nun zwischen dem unterscheiden, was wir am Bildschirm bzw. am Drucker sehen. Beginnen wir mit der Ausgabe auf den Bildschirm:

```
RUN
Geben Sie die Posten ein. Abbruch durch Eingabe von 0.
? 16.20
? 30.50
? 6.80
? 0
```

Auf dem Drucker erscheint:

```
16.20
30.50
6.80
Summe:  53.50
```

Natürlich läßt dieses Programm viele Wünsche offen; beispielsweise ist die äußere Form alles andere als gewinnend, und es wäre auch sinnvoller, die einzelnen Posten namentlich aufzuführen. Dies wird auf S.143 nachgeholt.

2) Ein Mitarbeiter der Volkshochschule erfaßt die Namen der Teilnehmer an einer bestimmten Veranstaltung und listet sie aus. Dies wird durch folgendes Programm ermöglicht, welches gleichzeitig die Teilnehmerzahl bestimmt:

```
10 I = 1
20 ? "Die Eingabe von ZZZZ beendet das Programm."
30 INPUT A$
40 IF A$ = "ZZZZ" THEN 80
50 LPRINT I,A$
60 I = I+1
70 GOTO 30
80 END
```

Bei der Beschreibung des Programmlaufs müssen wir wieder unterscheiden, was am Bildschirm und was am Drucker erscheint. Am Bildschirm erscheint:

```
RUN
Die Eingabe von ZZZZ beendet das Programm.
? Schneider
? Müller
? Rülpsdiesel
? Hartmann
? Binder
? ZZZZ
```

Am Drucker erscheint:

```
1        Schneider
2        Müller
3        Rülpsdiesel
4        Hartmann
5        Binder
```

3) Als nächstes wollen wir eine Nullstelle von $f(x) = x^2 - 2$ berechnen. Da diese Funktion bei 0 einen negativen und bei 2 einen positiven Funktionswert hat, muß zwischen 0 und 2 eine Nullstelle liegen. Diese ermitteln wir dadurch, daß wir bei Null starten und so lange

mit einer bestimmten Schrittweite nach rechts laufen, bis der Funktionswert positiv wird. Damit läßt sich dann die Nullstelle mit einer vorgegebenen Genauigkeit (die in der Wahl der Schrittweite ihren Niederschlag findet) einkreisen.

```
10  X = 0
15  INPUT "Schrittweite: ", SCHRITT
20  IF X*X-2 > 0 THEN 50
30  X = X + SCHRITT
40  GOTO 20
50  PRINT "Die Nullstelle liegt zwischen";X-SCHRITT;"und";X
60  END
RUN
Schrittweite: 0.01
Die Nullstelle liegt zwischen 1.41 und 1.42.
```

Nach diesem Verfahren können Nullstellen ganz allgemein sehr bequem berechnet werden. Vor der stürmischen Entwicklung auf dem Computersektor wurden weitaus leistungsfähigere Verfahren ersonnen; bei den heute erreichten Rechengeschwindigkeiten spielen diese aber bei so simplen Problemen gar keine Rolle mehr. Man fährt systematisch ein bestimmtes Intervall ab und sucht nach Vorzeichenwechseln bzw. Stellen, wo die Funktionswerte betragsmäßig sehr, sehr klein sind (vgl. S.173ff).

4) In Übungsaufgabe 2.27 hatte ich Ihnen vorgeschlagen, ein Programm zur Bestimmung des arithmetischen Mittels bei bekanntem Stichprobenumfang zu erstellen. Dabei muß man jedesmal zuerst die Zahl der Werte bestimmen. Vertut man sich dabei, so muß man das Programm erneut starten lassen, oder man ist auf Tricks angewiesen. Das folgende Programm erlaubt es uns, diesen Nachteil zu vermeiden:

```
 10  ? "Geben Sie der Reihe nach die Werte ein. "
 20  ? "Abschluß durch Eingabe von -9999."
 30  ANZAHL = 0
 40  INPUT WERT
 50  IF WERT = -9999 THEN 90
 60  SUMME = SUMME + WERT
 70  ANZAHL = ANZAHL + 1
 80  GOTO 40
 90  ? "Durchschnitt:";SUMME/ANZAHL
100  END
RUN
Geben Sie der Reihe nach die Werte ein.
Abschluß durch Eingabe von -9999.
? 3
? 7
```

```
? 5
? -9999
Durchschnitt: 5
```

Einige neuere BASIC-Versionen bieten für Schleifen der soeben besprochenen Art einen eigenen Formalismus an. Dieser läßt sich formal wie folgt beschreiben:

```
WHILE Bedingung
   Anweisung
     .....
   Anweisung
WEND
```

Dieser Mechanismus wirkt sich so aus, daß die zwischen WHILE und WEND liegenden Anweisungen so lange wiederholt durchgeführt werden, wie die bei WHILE stehende Bedingung wahr ist. Möglicherweise ist dies kein einziges Mal der Fall. Wie schon bei FOR...NEXT empfiehlt es sich auch hier, die in der Schleife stehenden Anweisungen optisch durch Einrücken hervorzuheben.

Bemerkung:

Einige Rechner ersetzen im Einklang mit dem BASIC-Norm-Entwurf das Vokabelpaar WHILE...WEND durch die Vokabeln DO...LOOP. In diesem Fall kann an Stelle einer positiv formulierten Bedingung mit WHILE eine solche mit UNTIL stehen; die Schleife wird dann so lange durchlaufen, bis eine bestimmte Bedingung eintritt. Ein weiterer Unterschied besteht darin, daß die Abbruchbedingung nicht nur bei DO, sondern auch bei LOOP angesiedelt sein kann. Ferner ist vorgesehen, daß man auch an einer ganz beliebigen Stelle mit EXIT IF aussteigen kann.

Wir wollen unsere 4 Beispiele noch einmal mit dem neuen Formalismus programmieren:

1) Dies war das Beispiel mit der "Primitivrechnung". Hier ist die Abbruchbedingung die Eingabe von 0; die weitere Ausgestaltung ist zwar nicht schwierig, aber man muß aufpassen:

```
10  ? "Geben Sie die Posten ein. Abbruch durch Eingabe von 0."
20  INPUT TEILPREIS
30  WHILE TEILPREIS<>0
40     SUMME = SUMME + TEILPREIS
50     LPRINT TEILPREIS
60     INPUT TEILPREIS
65  WEND
70  LPRINT "Summe: ", SUMME
80  END
```

Manch einem von Ihnen erscheint diese Lösung vielleicht unnötig kompliziert; weshalb wurde schließlich auch zweimal INPUT Teilpreis programmiert!? Nun, versuchen wir die auf den ersten Blick weitaus näherliegende Lösung:

```
10  ? "Geben Sie die Posten ein. Abbruch durch Eingabe von 0."
20  WHILE TEILPREIS<>0
30     INPUT TEILPREIS
40     SUMME = SUMME + TEILPREIS
50     LPRINT TEILPREIS
60  WEND
70  LPRINT SUMME
80  END
```

Was erscheint auf dem Bildschirm?

```
RUN
Geben Sie die Posten ein. Abbruch durch Eingabe von 0.
```

Wir warten darauf, eine Eingabe machen zu können, aber schon rattert der Drucker los:

```
0
```

Offenbar wurde die Schleife also kein einziges Mal durchlaufen. Wie kommt das? Die Erklärung für dieses Phänomen ist ganz einfach. Der Rechner prüft beim Erreichen von Zeile 20, ob der Inhalt des Speichers TEILPREIS ungleich 0 ist. Dies ist nicht der Fall, denn diesem Speicher wurde ja noch kein Wert zugewiesen. Damit gelangt die Schleife nicht zur Ausführung, und der Computer verzweigt nach Zeile 70. Sie sehen also, daß man bei dieser Konstruktion aufpassen muß.

Da die Probleme bei den folgenden Beispielen ähnlich gelagert sind, kann ich mich dort etwas kürzer fassen:

2)
```
10  I = 1
20  ? "Die Eingabe von ZZZZ beendet das Programm."
30  INPUT A$
40  WHILE A$<>"ZZZZ"
50     LPRINT I,A$
60     I = I+1
70     INPUT A$
75  WEND
80  END
```

3)
```
10  X = 0
15  INPUT "Schrittweite: ", SCHRITT
20  WHILE X*X-2 < 0
30     X = X + SCHRITT
40  WEND
```

```
50 PRINT "Die Nullstelle liegt zwischen";X-SCHRITT;"und";X
60 END
```

4)
```
 10 ? "Geben Sie die Werte ein. Abschluß durch -9999."
 20 ANZAHL = 0
 30 INPUT WERT
 40 WHILE WERT <> -9999
 50    SUMME = SUMME + WERT
 60    ANZAHL = ANZAHL + 1
 70    INPUT WERT
 80 WEND
 90 PRINT "Durchschnitt:";SUMME/ANZAHL
100 END
```

Sie sehen aus diesen Beispielen recht deutlich, wie die einzelnen Programme durch die Verwendung dieses Formalismus an Übersichtlichkeit gewinnen. Die Hauptschwierigkeit besteht beim "Betreten" der Schleife. Leider verfügen viele Rechner noch nicht über diese Möglichkeit; ich werde sie daher in der Folge nur sehr sparsam verwenden.

Einen Vorteil der WHILE...WEND-Anweisung können Sie sich, wenn Sie wollen, aber auf alle Fälle erhalten, nämlich die erhöhte Übersichtlichkeit durch Einrücken des eigentlichen Schleifenteils. Um dies zu verdeutlichen, greife ich noch einmal Beispiel 2) von Seite 85 auf:

```
10 I = 1
20 ? "Die Eingabe von ZZZZ beendet das Programm."
30 INPUT A$
40    IF A$ = "ZZZZ" THEN 80
50    LPRINT I,A$
60    I = I+1
70 GOTO 30
80 END
```

Natürlich ist es dabei Geschmackssache, ob man Zeile 30 mit einrückt oder nicht.

Übungsaufgaben:

2.28 Lösen Sie Aufgabe 2.21a) ohne Verwendung des FOR...NEXT-Formalismus.

2.29 Schreiben Sie mit Hilfe von WHILE...WEND ein Programm zur Berechnung der Bruttobeträge bei Rechnungen (MWSt=14%).

2.30 Was ist an folgendem Programm nicht in Ordnung:

```
10  I = 10
20  WHILE J = 0
30     ?I
40     I = I-1
50  WEND
60  END
```

2.31 Unter dem geometrischen Mittel von n positiven Zahlen $x_1, x_2, \ldots, x_n$ versteht man den Ausdruck:

$$x = \sqrt[n]{x_1 \cdot x_2 \cdot \ldots \cdot x_n}$$

Schreiben Sie ein Programm, welches bei unbekanntem Stichprobenumfang die Berechnung des geometrischen Mittels gestattet.

2.7 Felder

Im vorigen Paragraphen haben wir ein Beispiel betrachtet, in dem einzelne Namen erfaßt und aufgelistet wurden. Vielfach wird man sich damit freilich nicht begnügen, sondern man möchte die so aufgenommenen Namen weiter verarbeiten. Das setzt voraus, daß sie im Rechner abgespeichert werden. Da man aber nicht im vorhinein weiß, wieviele Eintragungen kommen werden, läßt sich dies mit unseren bisherigen Methoden nicht ohne weiteres realisieren.
Als Ausweg für derartige Fälle bietet BASIC die Möglichkeit an, eine ganze Reihe von Eintragungen unter einem einzigen Namen vorzunehmen. Sie kennen vielleicht aus anderen Bereichen die Schreibweise:

A_1 = "Schneider"
A_2 = "Müller"
A_3 = "Rülpsdiesel"
A_4 = "Hartmann"
A_5 = "Binder"

Dabei heißen die Zahlen 1,2,...,5 Indizes. Diese Notation kann freilich in BASIC nicht übernommen werden, da ja Hoch- und Tiefstellungen nicht möglich sind (Außerdem müssen natürlich $-Zeichen angebracht werden). Als Ersatz ist folgende Schreibweise vorgesehen:

```
A$(1) = "Schneider"
A$(2) = "Müller"
A$(3) = "Rülpsdiesel"
A$(4) = "Hartmann"
A$(5) = "Binder"
```

Eine derartige Struktur bezeichnet man als Feld (array), genauer als eindimensionales Feld. Voraussetzung dafür, daß man mit einem Feld arbeiten kann, ist, daß man dem Rechner im voraus mitteilt, wieviele Speicherplätze er dafür reservieren soll. Diesen Vorgang nennt man Dimensionierung des Feldes. Formal geht sie so vor sich:

```
DIM Variable(nat.Zahl) .
```

Je nach Wunsch kann es sich dabei um eine numerische oder um eine Textvariable handeln.
Passiert der Rechner also etwa die Anweisung

```
DIM A(30) ,
```

so reserviert er die Speicherplätze A(1),A(2),...,A(30); im Normalfall kommt außerdem der Speicherplatz A(0) hinzu. Es ist nicht wesentlich, daß diese Plätze später alle tatsächlich in Anspruch genommen werden; festgesetzt wird nur eine Höchstzahl, die keinesfalls überschritten werden kann.

Strittig ist, ob die Dimensionierung in folgender Form vorgenommen werden kann:

```
DIM A(N)
```

Einige BASIC-Versionen lassen es zu, andere nicht; der Norm-Entwurf verbietet es. Daher machen wir von dieser Variante keinen Gebrauch. Für die Praxis bedeutet das, daß man sich von vornherein gut überlegen muß, wieviele Plätze man maximal braucht; dabei ist es im Zweifelsfall besser, ein wenig zu großzügig zu schätzen. Andererseits sollte man auch nicht unnötig viele Speicher reservieren, weil dadurch die freie Kapazität des Arbeitsspeichers in starkem Maß verringert wird. Im übrigen gelten folgende Regeln:

1) Jede Feldvariable darf nur einmal dimensioniert werden.
2) Ein und derselbe Name darf nur einmal vergeben werden. Existiert ein Feld A, so kann daneben nicht noch der (gewöhnliche) Speichername A verwendet werden. Dagegen können die Namen A und A$ nebeneinander bestehen.
3) Die Dimensionierung einer Variablen kann bei den meisten Rechnern entfallen, wenn der höchste für sie verwendete Index nicht größer als 10 ist.
4) Die folgende Anweisung gestattet es, den Anfangsindex 0 pauschal auszuschließen:

   ```
   OPTION BASE 1 .
   ```

   Dies gilt dann aber für alle Felder und muß vor der ersten Dimensionierung stehen.
5) Man kann auch mehrere Variable auf einmal dimensionieren; dazu dient die Anweisung:

   ```
   DIM A(40),B$(30)
   ```

Beispiele:

1) Wir wollen die Namen der Teilnehmer an einer bestimmten Volkshochschul-Veranstaltung erfassen. Erfahrungsgemäß weiß man, daß keinesfalls mehr als 100 Personen kommen. Somit programmiert man wie folgt:

```
10  DIM A$(100)
20  I = 1
30  INPUT A$(I)
40  IF A$(I) = "ZZZZ" THEN 70
50  I = I+1
60  GOTO 30
70  ....
```

Als weitere Verarbeitung kann man sich etwa ein Sortierprogramm vorstellen. Wir übergehen dies zunächst.

2) Ein Kaufmann will wissen, wie sich seine Einnahmen in der zweiten Jahreshälfte prozentual auf die einzelnen Monate aufteilen. Dazu muß man zuerst die monatlichen Einnahmen aufsummieren, ohne freilich diese Zahlen "vergessen" zu dürfen. Die Verwendung eines Feldes ist somit naheliegend:

```
10  DIM ZASTER(6)
20  FOR I = 1 TO 6
30     INPUT ZASTER(I)
40     SUMME = SUMME + ZASTER(I)
50  NEXT I
60  FOR I = 1 TO 6
70     PRINT I+6,ZASTER(I)/SUMME*100
80  NEXT I
90  END
RUN
? 10000
? 11000
? 8000
? 9000
? 9000
? 13000
 7        16.66667
 8        18.33333
 9        13.33333
 10       15
 11       15
 12       21.66667
```

3) Das nächste Programm ermöglicht es, Funktionswerte für ein Polynom zu berechnen. Ich erinnere daran, daß ein Polynom vom Grad N die Gestalt

$$a_N\, x^N + a_{N-1} x^{N-1} + \ldots + a_1 x^1 + a_0$$

hat. Vernünftigerweise wird man sich auf Polynome vom Grad kleiner gleich 20 beschränken. Es sollen zwei Programmvarianten vorgestellt werden. Naheliegend ist folgende Fassung:

```
 10 DIM A(20)
 20 INPUT "Grad: ",N
 30 ?"Gib die Koeffizienten beginnend mit x↑";N;"ein:"
 40 FOR I = N TO 0 STEP -1
 50    INPUT A(I)
 60 NEXT I
 70 ?:INPUT "X = ",X
 80 FOR I = 0 TO N
 90    SUMME = SUMME+A(I)*X↑I
100 NEXT I
110 ?SUMME
120 END
RUN
Grad: 2
Gib die Koeffizienten beginnend mit x↑ 2 ein:
? 1
? 0
? 2

X = 3
 11
```

Würde man für N einen Wert oberhalb von 20 eingeben, so käme eine Fehlermeldung der Art BAD SUBSCRIPT ERROR.

Obwohl diese Programmvariante recht naheliegend ist, wendet man in der Praxis eine andere Berechnungsmethode an, nämlich das sogenannte Horner-Schema. Ausgangspunkt dafür ist folgende Darstellung des Polynoms:

$$((\ldots((a_N \cdot x + a_{N-1}) \cdot x + a_{N-2}) \cdot x + \ldots) \cdot x + a_1) \cdot x + a_0$$

Man kann zeigen, daß dies im allgemeinen die ökonomischste Art zur Auswertung von Polynomen ist. In der Tat wird hierbei die geringstmögliche Zahl von Additionen und Multiplikationen benötigt. Wir übernehmen die Zeilen 10-70 aus der ersten Variante und fahren dann so fort:

```
   .
 80 SUMME = A(N)
 90 FOR I = N-1 TO 0 STEP -1
100    SUMME = SUMME*X + A(I)
110 NEXT I
120 PRINT SUMME
130 END
```

Lassen wir das Programm laufen, so ergibt sich derselbe Bildschirmausdruck wie bei der ersten Variante.

4) Ein Mathematiklehrer wertet die Ergebnisse einer Klassenarbeit mit Hilfe eines Computers aus. Uns interessiert dabei hier lediglich die Erfassung der Daten. Dazu nehmen wir an, daß für jeden einzelnen Schüler der Name, die erreichte Punktzahl und die daraus resultierende Note abgespeichert werden sollen. Geht man davon aus, daß nicht mehr als 50 Schüler in einer Klasse sind, so bietet sich folgende Lösungsvariante an:

```
 10 DIM A$(150)
 20 PRINT "Abbruch durch Eingabe von ZZZZ für den Namen."
 30 I = 1
 40    INPUT "Name:       ", A$(I)
 50    IF A$(I)="ZZZZ" THEN 100
 60    INPUT "Punktzahl: ", A$(I+1)
 70    INPUT "Note:       ", A$(I+2)
 80    I=I+3
 90 GOTO 40
100 ...
```

Achten Sie darauf, daß der Index I in Zeile 80 tatsächlich um 3 erhöht werden muß, weil ja bei jedem Durchlaufen der Schleife 3 Feldelemente besetzt werden (darauf mußten wir ja auch schon bei der Dimensionierung achten!). Typischerweise könnte die Speicherbelegung so aussehen:

```
A$(1) = "Pfefferle"
A$(2) = "60"                  Daten von Herrn Pfefferle
A$(3) = "1.0"
A$(4) = "Stooß"
A$(5) = "48"                  Daten von Herrn Stooß
A$(6) = "2.2"
A$(7) = "Michelbach"
...                           ...
```

Hätten Sie diese Daten auf Papier genauso erfaßt? Wohl kaum. Wahrscheinlich hätten Sie eine Liste von folgender Art hergestellt:

Pfefferle	60	1.0
Stooß	48	2.2
Michelbach	56	1.4
...	..	...

Diesen Effekt können Sie in BASIC dadurch simulieren, daß Sie drei verschiedene Felder einführen:

```
 10  DIM A$(50),B$(50),C$(50)
 20  PRINT "Abbruch durch Eingabe von ZZZZ für den Namen."
 30  I = 1
 40     INPUT "Name:       ", A$(I)
 50    IF A$(I)="ZZZZ" THEN 100
 60     INPUT "Punktzahl: ", B$(I)
 70     INPUT "Note:       ", C$(I)
 80     I=I+1
 90  GOTO 40
100  ...
```

Dies ergibt bei unseren Standardeingaben die Speicherbelegung:

```
A$(1) = "Pfefferle"     B$(1) = "60"     C$(1) = "1.0"
A$(2) = "Stooß"         B$(2) = "48"     C$(2) = "2.0"
A$(3) = "Michelbach"    B$(3) = "56"     C$(3) = "1.4"
...                     ...              ...
```

Natürlich sind die Größen im Rechner real ganz anders abgelegt; es ist nur so, daß Sie keinen Fehler machen, wenn Sie gedanklich die oben hingeschriebene Anordnung unterstellen.

Es gibt aber auch noch eine andere Möglichkeit, nämlich die Verwendung eines zweidimensionalen Feldes. Der Name zweidimensional rührt daher, daß jetzt jede Eintragung erst durch die Angabe von zwei Größen gekennzeichnet ist: um sie eindeutig beschreiben zu können, müssen Sie nämlich wissen, in welcher Zeile und in welcher Spalte sie steht. Man hat dabei festgelegt, daß immer zuerst die Zeilennummer und dann die Spaltennummer angegeben wird. Das Element A$(I,K) steht also in der I-ten Zeile, und zwar in der K-ten Spalte. Man nennt I bzw. K den Zeilen- bzw. Spaltenindex. Aufpassen muß man dabei, ob eine 0-te Zeile bzw. Spalte mitgezählt wird oder nicht; wir wollen hier stets davon absehen. Anschaulich ergibt sich bei unserem Standardbeispiel die Konfiguration:

```
A$(1,1) = "Pfefferle"   A$(1,2) = "60"     A$(1,3) = "1.0"
A$(2,1) = "Stooß"       A$(2,2) = "48"     A$(2,3) = "2.2"
A$(3,1) = "Michelbach"  A$(3,2) = "56"     A$(3,3) = "1.4"
...                     ...                ...
```

Voraussetzung dafür, daß wir mit einem derartigen zweidimensionalen Feld arbeiten können, ist eine vorherige Dimensionierung. Dem Rechner muß mitgeteilt werden, daß ein zweidimensionales Feld verwaltet werden soll und welchen Höchstumfang es hat. Dies geschieht so:

```
DIM Name(max.Zeilenzahl,max. Spaltenzahl)
```

Ansonsten gelten die Bemerkungen, die wir für die Dimensionierung eindimensionaler Felder gemacht haben, sinngemäß weiter.

Bemerkung:

Manche Rechner gestatten es sogar, drei- oder noch höherdimensionale Felder anzulegen.

Das Erfassungsprogramm sieht für unser Beispiel nun so aus:

```
 10  DIM A$(50,3)
 20  PRINT "Abbruch durch Eingabe von ZZZZ für den Namen."
 30  I = 1
 40     INPUT "Name:       ", A$(I,1)
 50   IF A$(I,1)="ZZZZ" THEN 100
 60     INPUT "Punktzahl: ", A$(I,2)
 70     INPUT "Note:       ", A$(I,3)
 80     I=I+1
 90  GOTO 40
100  ...
```

Als weiteres Beispiel wollen wir ein zweidimensionales numerisches Feld, also eine sogenannte Matrix erfassen. Genauer gesagt interessieren wir uns für folgende Matrix:

```
 1   2   3   4   5   6   7   8   9  10
 2   4   6   8  10  12  14  16  18  20
 3   6   9  12  15  18  21  24  27  30
.....................................
20  40  60  80 100 120 140 160 180 200
```

Diese Matrix, die im Grunde eine Tabelle des kleinen und des großen Einmaleins ist, hat in der Position (i,k), also am "Schnittpunkt" der i-ten Zeile und der k-ten Spalte, die Eintragung i*k. Wir geben zwei Varianten für ihre Erfassung an:

a)
```
10  DIM A(20,10)
20  FOR I=1 TO 20
30     FOR K=1 TO 10
40         A(I,K) = I*K
50     NEXT K
60  NEXT I
...
```

Dies geht so vor sich: Zuerst hat der Zeilenindex I den Wert 1; für diesen festen Wert läuft der Spaltenindex K von 1 bis 10. Danach bekommt der Zeilenindex den Wert 2, und wieder läuft der Spaltenindex von 1 bis 10 usw. Die Erfassung erfolgt also in folgender Reihenfolge:

A(1,1),A(1,2),...,A(1,10),A(2,1),A(2,2),...,A(2,10),A(3,1),...

Anschaulich kann man das so ausdrücken, daß die Matrix zeilenweise erfaßt wird.

b) Das folgende Programm ist das Gegenstück zu a); es ermöglicht die spaltenweise Erfassung:

```
10  DIM A(20,10)
20  FOR K=1 TO 10
30      FOR I=1 TO 20
40          A(I,K) = I*K
50      NEXT I
60  NEXT K
...
```

Schließlich wollen wir ein Programm zur Erfassung von folgender Matrix schreiben:

1	0	0	0
0	1	0	0
0	0	1	0
0	0	0	1

Natürlich könnte man die Erfassung elementweise vornehmen; eleganter ist es jedoch, zu beobachten, daß genau die Elemente, für die Zeilenindex und Spaltenindex übereinstimmen, den Wert 1 haben, während alle anderen gleich 0 sind.

```
10  DIM A(4,4)
20  FOR I = 1 TO 4
30      FOR J = 1 TO 4
40          A(I,J) = 0
50          IF I=J THEN A(I,J) = 1
60      NEXT J
70  NEXT I
...
```

Hierzu kurz drei Anmerkungen:

1) Die Dimensionierung ist bei den meisten Rechnern überflüssig, da kein Index den Wert 10 überschreitet.
2) Zeile 40 ist überflüssig, da A(I,K) ohnehin gleich 0 ist, solange keine Wertzuweisung erfolgt.
3) Wenn man schon 2) ignoriert, wäre es besser, mit IF..THEN.. ELSE.. zu arbeiten.

In den letzten Beispielen hatten wir es mehrfach mit ineinandergeschachtelten Schleifen zu tun. Bei ihrer Verwendung müssen Sie darauf achten, daß sich die Schleifen nicht überkreuzen dürfen. Das folgende Bild, in dem Schleifenanfang und Schleifenende durch Punkte gekennzeichnet sind, deutet dies an:

Korrekte Schachtelungen:

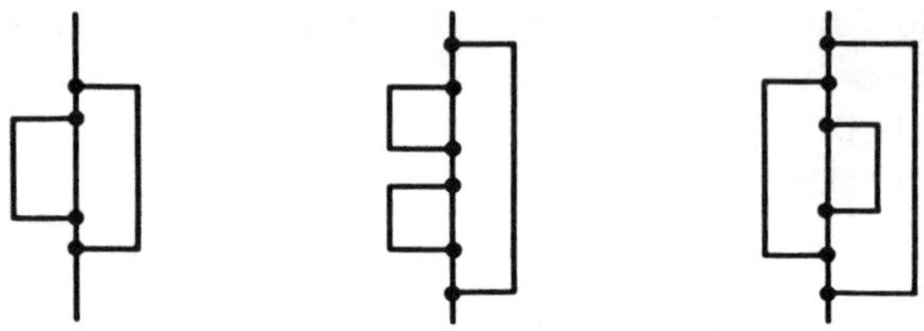

Inkorrekte Schachtelungen:

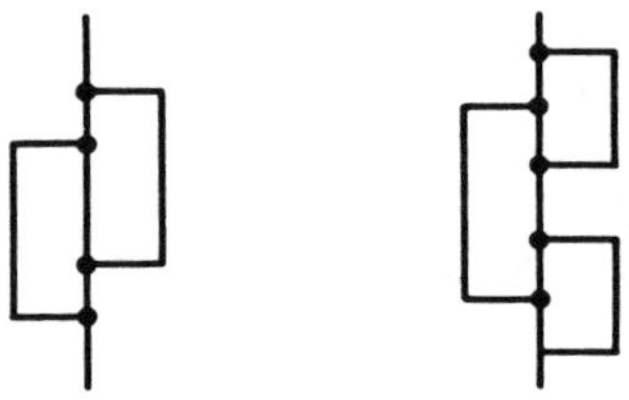

Eine weitere Stärke des Feldkonzepts bestünde darin, daß Felder nicht nur komponentenweise, sondern auch als Ganzes angesprochen und verarbeitet werden könnten. Denken Sie zum Beispiel an die vielen Anwendungen der Vektor- und Matrizenrechnung in nahezu allen Gebieten von Naturwissenschaft und Technik, aber auch im volkswirtschaftlichen Bereich. In der Tat gibt es BASIC-Versionen, die diese Möglichkeiten bieten, und laut Norm-Entwurf sollte sogar jeder BASIC-Rechner darüber verfügen. Leider sieht die Realität heute noch anders aus, und nur eine Minderheit von Rechnern hat diese wichtige Eigenschaft. Daher verzichte ich darauf, im Rahmen dieses Buches näher darauf einzugehen. Falls Ihr Computer über diese Möglichkeit verfügt, finden Sie sie unter Vokabeln wie MAT. Z.B. ist

```
    MAT A = B*C
```

der Befehl, die Matrizen B und C miteinander zu multiplizieren. Hier müssen Sie dann aber sorgfältig darauf achten, ob Ihr Rechner den Index 0 vergibt oder nicht, denn sonst kann es zu groben Fehlern kommen. Hier muß auf weitere Details verzichtet werden.

Übungsaufgaben:

2.32 Welche Fehler enthält das folgende Programm:

```
 10 DIM N(50),A(100)
 20 INPUT "Zahl der Werte: ": N
 30 FOR I = 1 TO N
 40    INPUT N(I)
 50    SUMME = SUMME + N(I)
 60 NEXT I
 70 PRINT SUMME
 80 INPUT "Noch einmal? ", A$
 90 IF A$ = "Ja" THEN 10
100 END
```

2.33 Schreiben Sie ein Programm, das ein Feld KARTEI$ anlegt, wobei für jede Person eines ca 70köpfigen Bekanntenkreises Vorname, Name, Straße und Wohnort eingetragen werden.

2.34 a) Schreiben Sie ein Programm, das ein eindimensionales Feld der Länge 30 anlegt, wobei die i-te Position durch die i-te Quadratzahl besetzt sein soll.

b) Schreiben Sie ein Programm, das ein zweidimensionales Feld A vom Typ 10x10 anlegt. Die Position (i,k) soll dabei die Eintragung i-k ("i minus k") erhalten.

2.35 Eine Ladenkette besteht aus 12 Filialen. Schreiben Sie ein Programm, das die Umsätze der einzelnen Filialen erfaßt und ihren prozentualen Anteil am Gesamtumsatz in optisch ansprechender Form ausdruckt.

2.36 a) Unter dem Skalarprodukt von zwei dreidimensionalen Vektoren (a_1,a_2,a_3) und (b_1,b_2,b_3) versteht man den Ausdruck

$$a_1b_1 + a_2b_2 + a_3b_3$$

Schreiben Sie ein Programm, mit dessen Hilfe das Skalarprodukt von zwei einzugebenden Vektoren berechnet werden kann.

b) Ihr Kreuzprodukt ist dagegen definiert durch

$$(a_2b_3 - a_3b_2, a_3b_1 - a_1b_3, a_1b_2 - a_2b_1)$$

Schreiben Sie ein Programm, welches das Kreuzprodukt für zwei einzulesende Vektoren berechnet und in optisch ansprechender Form ausgibt.

2.8 Die Standardfunktionen zur Textverarbeitung

Einer der Hauptvorteile der Programmiersprache BASIC besteht darin, daß sie ein reiches Arsenal von Hilfsmitteln zur Bearbeitung von Strings zur Verfügung stellt. Einige davon haben wir bereits kennengelernt; hervorheben möchte ich besonders die in 2.3 beschriebenen Möglichkeiten zum Vergleich von Texten. In diesem Paragraphen möchte ich die Standardfunktionen zur Textbearbeitung vorstellen; sie werden in der Folge eine besonders zentrale Rolle spielen.

A) Ausblenden von Texten:

Als erstes wollen wir besprechen, wie man Teile eines Textes ausblenden kann. Dazu dienen die drei Funktionen LEFT$, RIGHT$ und MID$. Ausgangspunkt ist stets ein gewisser String, der als Konstante oder als aktueller Wert eines Textspeichers vorliegen kann. Wir betrachten nur den letzten Fall und nehmen an, der Speicher heiße A$. Dann liefern:

LEFT$(A$,N): die linken N Zeichen des Strings;
RIGHT$(A$,N): die rechten N Zeichen des Strings;
MID$(A$,N): den String ab der N-ten Position;
MID$(A$,N,M): den String der Länge M, der entsteht, wenn man ab der Position N genau M Zeichen ausblendet.

Ist in den ersten beiden Fällen N größer als die Länge des Ausgangsstrings, so wird dieser unverändert geliefert; bei den unteren beiden Fällen führt eine Bereichsüberschreitung in N zur Ausgabe des leeren Strings; ist M zu groß, so wird wieder der gesamte Reststring ausgegeben.

Bemerkung:

Es gibt Rechner, bei denen MID$(A$,N,M) die Bedeutung hat, daß der Teil des aktuellen Wertes von A$ ausgegeben werden soll, der vom N-ten bis zum M-ten Zeichen reicht. Seien Sie also in diesem Zusammenhang sehr vorsichtig!

Beispiele:

```
? LEFT$("Hintz",3)
Hin
? RIGHT$("Hintz",1)
z
? RIGHT$("Hintz",6)
Hintz
```

```
? MID$("Hintz",4)
tz
? MID$("Hintz",2,2)
in
A$ = "MATHEMATIK"
? LEFT$(A$,5)
MATHE
? RIGHT$(A$,3)
TIK
? MID$(A$,11)

? MID$(A$,3,5)
THEMA
```

Als praktische Nutzanwendung schreiben wir ein Programmstück, das eine alte Fragestellung vereinfacht behandeln läßt. Wir hatten doch öfter das Problem, daß der Benutzer gefragt werden sollte, ob er einen weiteren Programmlauf wünscht, und daß wir seine genaue Antwort nicht vorhersagen konnten. Jetzt stellen wir uns einfach auf den Standpunkt, daß jede Antwort, die mit J beginnt, als Ja zu interpretieren ist, jede andere aber als Nein. Dies läßt sich wie folgt umsetzen:

```
.
.
100  INPUT "Noch einmal? ",A$
110  IF LEFT$(A$,1) = "J" THEN ...
120  END
```

B) Die Länge von Texten

Die nächste nützliche Funktion ist LEN (von "length"). Sie gibt - wie ihr Name schon sagt - an, wie lang ein String ist. Da als Ergebnis eine Zahl erwartet wird, fehlt das Dollarzeichen beim Funktionsnamen.

Beispiel:

```
? LEN("MATHEMATIK")
 10
? LEN("13")
 2
? LEN("")
 0
A$ = "FRAGGLE"
? LEN(A$)
 7
```

Beispiel:
Wir wollen ein Programm schreiben, das es uns erlaubt, ein beliebig eingegebenes Wort g e s p e r r t auszugeben.

```
10  INPUT A$
20  FOR I = 1 TO LEN(A$)
30     PRINT MID$(A$,I,1);" ";
40  NEXT I
50  END
RUN
? WINNETOU
W I N N E T O U
```

C) Verwandlung von Zahlen in Strings

BASIC bietet auch die Möglichkeit, Zahlen in Strings zu verwandeln. Bekanntlich wird ja 35 anders intern abgelegt als "35". Dazu dient die Funktion STR$. Wir haben somit:

```
? STR$(35)
 35
A = 120
? STR$(A)
 120
? STR$("ELF")
Fehlermeldung
```

Wer wissen möchte, was für Leerzeichen gesetzt werden, muß den durch STR$ geschaffenen Ausgabewert "einrahmen". Das Ergebnis mag von Rechner zu Rechner schwanken; ein mögliches Resultat sieht so aus:

```
? "." + STR$(4) + "."
. 4.
```

Offenbar gilt also hier STR$(4)=" 4".

Das Umwandeln von Zahlen in Texte hat unter anderem den Vorteil, daß die Methoden zur Textbearbeitung auch auf Zahlen angewandt werden können. Dies ist oft von Bedeutung, wie die folgenden Beispiele illustrieren sollen:

1) Beim Scheckschutz soll verhindert werden, daß der Kunde den auf dem Scheckformular ausgewiesenen Betrag durch betrügerische Manipulationen verändern kann. Deswegen werden links Sterne angebracht. Wir behandeln hier den vereinfachten Fall, daß nur ganzzahlige Beträge in Frage kommen. Die Gesamtlänge des Musters soll 10 betragen. Unser erster Versuch sieht so aus:

```
10  INPUT "Geldbetrag: ", ZASTER
20  ZASTER$ = STR$(ZASTER)
30  FOR J = 1 TO 10-LEN(ZASTER$)
40     STERN$ = STERN$ + "*"
50  NEXT J
60  AUSDRUCK$ = STERN$ + ZASTER$ + "DM"
70  PRINT AUSDRUCK$
80  END
RUN
Geldbetrag: 40000
**** 40000DM
```

Das ist nicht das, was wir wollen. Das liegt daran, daß wir nicht berücksichtigt haben, daß die Funktion STR$ vor positive Zahlen ein Leerzeichen setzt. Eine mögliche Abhilfe sieht so aus:

```
•
20  ZASTER$ = MID$(STR$(ZASTER),2)
•
```

Überzeugen Sie sich davon!

Vielleicht fragen Sie sich im übrigen, weshalb wir nicht sofort

```
10  INPUT ZASTER$
```

geschrieben haben. Dies rührt daher, daß der Endbetrag in der Praxis vielfach nicht direkt eingegeben wird, sondern Ergebnis einer Rechnung ist, also realistischerweise als Zahl vorliegen wird.

2) Bei Geldbeträgen möchte man häufig die Pfennige mit ausdrucken lassen. Das kann zu Schwierigkeiten führen, wenn der Ausgangsbetrag ein glatter D-Mark-Betrag ist, weil dann keine Nachkommastellen erscheinen. (Der Trick, erst mit 100 zu multiplizieren und dann durch 100 zu dividieren, hilft da auch nicht weiter.) Mit Hilfe von STR$ ist dies kein Problem. Das folgende Programm funktioniert freilich nur für glatte D-Mark-Beträge; eine verbesserte Version steht auf S.123.

```
10  INPUT "Geldbetrag: ",KOHLE
20  KOHLE$ = STR$(KOHLE)
30  KOHLE$ = KOHLE$ + ".00"
40  PRINT KOHLE$;" DM"
50  END
RUN
Geldbetrag: 200
 200.00 DM
```

Beachten Sie bitte, daß die naheliegende Idee, die Umwandlung zu vermeiden und einfach

```
? KOHLE;".00"
```

zu schreiben, daran scheitert, daß hinter einer Zahl stets ein Leerzeichen erscheint. Man könnte höchstens den Rechner zu einer Rücksetzung des Cursors veranlassen (vgl. S.111).

3) Schließlich schreiben wir ein Programm, das es uns gestattet, eine Reihe von positiven ganzen Zahlen zu addieren, und das gleichzeitig einen sauberen Ausdruck liefert. Das Problem bei der Verwendung von PRINT ist es ja, daß die Ausgabe stets linksbündig erfolgt, während wir bei der Addition eine rechtsbündige Ausgabe benötigen. Diesem Mangel kann dadurch abgeholfen werden, daß die eingegebenen Zahlen in Texte verwandelt werden, deren Längen mit Hilfe von LEN bestimmt werden können:

```
 10  ? "Geben Sie die Summanden ein. Abschluß durch 0."
 20  INPUT A
 30     IF A = 0 THEN 80
 40     A$ = STR$(A)
 50     LPRINT TAB(40-LEN(A$));A$
 60     SUMME = SUMME + A
 70  GOTO 20
 80  LPRINT TAB(33);"_______"
 90  SUMME$ = STR$(SUMME)
100  LPRINT TAB(40-LEN(SUMME$));SUMME$
110  END
```

Am Bildschirm erscheint:

```
RUN
Geben Sie die Summanden ein. Abschluß durch 0.
? 47110
? 88
? 3112
? 4
? 0
```

Auf dem Drucker wird ausgegeben:

```
                                      47110
                                         88
                                       3112
                                          4
                                   ________
                                      50314
```

Dieses Programm ist quasi der Grundbaustein zur "schönen" Ausgabe von Rechnungen; bei Computern, die nicht über die später zu besprechende PRINT USING-Anweisung verfügen, ist dies auch im wesentlichen die einzige Möglichkeit dazu. Ein vollständiges Programm zum Schreiben von Rechnungen schreiben finden Sie auf S.144 bzw. S.177.

D) Verwandlung von Teilstrings in Zahlen

Wir haben bis jetzt Zahlen in Strings verwandelt. Doch auch die umgekehrte Möglichkeit besteht. Dafür sorgt die Funktion VAL. Wird VAL auf einen String angewandt, so prüft der Rechner, ob dieser mit einer Zahl beginnt; ist das der Fall, so hat VAL diese Zahl als Wert, wenn nicht, bekommt VAL den Wert 0.

Beispiele:

```
? VAL("7900")
 7900
? VAL("7900 Ulm")
 7900
? VAL("Hauptbahnhof")
 0
? VAL("ISAR 12")
 0
? VAL(46)
SYNTAX ERROR
```

(46 ist eine Zahl und kein Text).

```
? VAL("    46 374 ")
 46374
```

Vielleicht hätte der eine oder andere beim letzten Beispiel den Wert 0 erwartet, da der String im Argument mit einem Leerzeichen und nicht mit einer Ziffer beginnt. Dies ist nicht so; offenbar werden also Leerzeichen ignoriert.
Sehen wir uns noch ein weiteres Beispiel an:

```
? VAL("3 E1F")
 3E1
```

Wie kommt das zustande? Nun, des Rätsels Lösung ist ganz einfach: Der Rechner hat 3E1 als Gleitkommazahl interpretiert und folglich nicht nur die 3 ausgegeben.

Beachten Sie aber, daß VAL nicht das genaue Gegenstück zu STR$ (im Sinne einer Umkehrfunktion) ist. Wir haben nämlich zwar

```
? VAL(STR$(7900))
 7900
```

aber

```
? STR$(VAL("7900 Ulm"))
 7900
```

d.h. bei dieser Reihenfolge kann Information verlorengehen.

Bemerkung:

Manche BASIC-Versionen erlauben die Verwendung von VAL nur dann, wenn der im Argument stehende String - abgesehen von der internen Darstellung - eine Zahl ist. Dies schränkt die Anwendbarkeit dieser Funktion ein, ist aber leider auch im BASIC-Norm-Entwurf nicht anders vorgesehen.

Beispiele:

1) Wir wollen die Quersumme einer beliebigen natürlichen Zahl bestimmen. Darunter versteht man bekanntlich die Summe ihrer Ziffern; so hat zum Beispiel 31084 die Quersumme 16 (= 3+1+0+8+4). Dies geht am einfachsten über den scheinbaren Umweg über Strings; dadurch haben wir nämlich gleich zwei Vorteile: LEN informiert uns darüber, wieviele Ziffern vorhanden sind, und MID$ erlaubt uns den Zugriff auf die einzelnen Ziffern:

```
10  INPUT "Wie heißt die Zahl? ", Z
20  Z$ = STR$(Z)
30  FOR J = 1 TO LEN(Z$)
40     SUMME = SUMME + VAL(MID$(Z$,J,1))
50  NEXT J
60  ? "Quersumme: ",SUMME
70  END
RUN
Wie heißt die Zahl? 31084
Quersumme:  16
```

2) Viele Programme verlangen, daß der Benutzer an gewissen Stellen eine Zahl eingibt. Gibt er aber versehentlich einen Text ein oder drückt gleich auf RETURN, so führt das im Normalfall zu einem Fehler. Dies kann dadurch vermieden werden, daß die Eingabe stets als Text aufgefaßt wird. Damit wird jede Zeichenfolge vom Rechner akzeptiert, und man kann ohne Fehlerstop prüfen, ob die Eingabe richtig war. Das folgende Programmstück ist typisch für eine solche Vorgehensweise:

```
.
.
100  INPUT "Geldbetrag: ", GELD$
110  GELD = VAL(GELD$)
120  IF VAL(GELD$) = 0 THEN 100
130  .....
```

3) Bei einem Geländelauf kommt es darauf an, wie lange die Teilnehmer zum Zurücklegen einer gewissen Strecke gebraucht haben. Bekannt ist jeweils die Startzeit und die Ankunftszeit. Das folgende Programm rechnet aus, wieviele Minuten der einzelne unterwegs war.

```
10  INPUT "Startzeit:     ",START$
20  INPUT "Ankunftszeit: ",ZIEL$
30  S1 = VAL(LEFT$(START$,2)):S2 = VAL(RIGHT$(START$,2))
```

```
40  Z1 = VAL(LEFT$(ZIEL$,2)): Z2 = VAL(RIGHT$(ZIEL$,2))
50  MIN = Z2-S2: STUN = Z1-S1
60  ZEIT = 60*STUN + MIN
70  ? ZEIT;"Minuten"
80  END
RUN
Startzeit:    8.45
Ankunftszeit: 10.20
 95 Minuten
```

Sehen wir uns hierzu die Speicherbelegung nach Ausführung der Zeilen 40, 50 und 60 an:

```
Zeile 40:    S1 = 8      S2 = 45      Z1 = 10     Z2 = 20
Zeile 50:    MIN = -25   STUN = 2
Zeile 60:    ZEIT = 95 (= 2*60 - 25)
```

Wie Sie sehen, trägt das Programm also automatisch dem Umstand Rechnung, daß die zweite Stunde nicht ganz abgelaufen ist; zum Ausgleich werden die Minuten negativ gezählt. Dieses Problem könnte man auch so lösen:

```
55  IF MIN 0<THEN STUN = STUN - 1: MIN = 60 + MIN
```

Hier wird die eine Stunde abgezogen, dafür zählt MIN nun genau die Minuten, die seit der letzten vollen Stunde verstrichen sind.

Beachten Sie außerdem, daß man bei der Eingabe der Zeit große Freiheit hat; es müssen lediglich vorne die Stunden und hinten die Minuten stehen. Denkbar wären zum Beispiel die Eingaben 8:45, 8 Uhr 45, 0845; nicht dagegen 8.45 Uhr. Ein gutes Programm wird den Benutzer allerdings dazu anleiten, welche Form der Eingabe von ihm erwartet wird (und es wird die Beachtung dieser Vorschrift zur Vermeidung von Fehlern auch kontrollieren).

E) Eine Hilfsfunktion für Suchvorgänge

Besonders leistungsfähig ist die Funktion INSTR, die leider bei vielen Rechnern nicht zur Verfügung steht; in manchen BASIC-Versionen ist INSTR auch durch POS zu ersetzen. INSTR gibt an, ob in einem bestimmten String ein zweiter enthalten ist oder nicht. Sollte dies der Fall sein, so wird die Position des ersten Auftretens angegeben, wenn nicht, wird INSTR auf 0 gesetzt.

Beispiele:

```
? INSTR("ROESCHEISEN","SCH")
 4
```

```
? INSTR("MATHEMATIK","U")
 0
? INSTR("MATHEMATIK","AT")
 2
? INSTR("MATHEMATIK","ATI")
 7
? INSTR("ISAR 12"," ")
 5
```

Tritt noch ein weiteres Argument hinzu, so wird der Ausgangsstring nur ab der dadurch charakterisierten Stelle durchsucht:

```
? INSTR(5,"ROESCHEISEN","SCH")
 0
? INSTR(5,"MATHEMATIK","AT")
 7
? INSTR(4,"OLD SHATTERHAND","A")
 7
```

Sicher ist Ihnen klar, daß diese Funktion überragende Bedeutung bei Suchprogrammen hat. Wir betrachten an dieser Stelle nur kleine Demonstrationsprogramme:

```
10  INPUT "Geben Sie einen Text ein:     ",TEXT$
20  INPUT "Wonach soll gesucht werden? ",SUCH$
30  IF INSTR(TEXT$,SUCH$) = 0 THEN PRINT "Fehlanzeige"
40  IF INSTR(TEXT$,SUCH$) > 0 THEN PRINT "Suchbegriff kommt vor"
50  END
RUN
Geben Sie einen Text ein:   MATHEMATIK
Wonach soll gesucht werden? at
Fehlanzeige
```

Als nächstes schreiben wir ein kleines Programm, bei dem aus einer Ortsangabe die Postleitzahl weggeblendet wird. Das Problem dabei besteht darin, daß die Postleitzahl auf 4 Stellen ergänzt sein kann oder auch nicht. Sicher wird es aber so sein, daß Postleitzahl und Ortsname durch ein Leerzeichen voneinander getrennt sind. Dies machen wir uns wie folgt zunutze:

```
10  INPUT "Ortsname mit PLZ: ", ORT$
20  P = INSTR(ORT$," ")
30  PRINT MID$(ORT$,P+1)
40  END
RUN
Ortsname mit PLZ: "8 München"
München
```

```
RUN
Ortsname mit PLZ: "8000  München"
 München
```

Hier standen halt leider sogar zwei Leerzeichen zwischen Postleitzahl und Ortsnamen.

Das ist zwar alles schön und gut, aber wie soll man verfahren, wenn der Rechner die Funktion INSTR nicht hat? Nun, dann können Sie die Funktion INSTR wie folgt simulieren:

```
10 INPUT "Geben Sie einen Text ein:   ",TEXT$
20 INPUT "Wonach soll gesucht werden? ",SUCH$
25 POS = 0
30 FOR J = 1 TO LEN(TEXT$)-LEN(SUCH$)+1
35    IF POS>0 THEN 50
40    IF MID$(TEXT$,J,LEN(SUCH$)) = SUCH$ THEN POS = J
50 NEXT J
70 PRINT POS
80 END
RUN
Geben Sie einen Text ein:   Mathematik
Wonach soll gesucht werden? at
 2
```

Ich kann mir vorstellen, daß an dieser Stelle viele Leser Schwierigkeiten haben. Daher soll dieses Programm näher erläutert werden. Dazu betrachten wir unser konkretes Beispiel, nehmen also an, für TEXT$ werde "Mathematik", für SUCH$ "at" eingegeben. Der Speicher POS soll denselben Wert erhalten, den die nicht vorhandene Funktion INSTR liefern würde. Im einzelnen geschieht nun folgendes:

1) Zunächst werden die ersten 2 Zeichen von TEXT$ auf Übereinstimmung mit SUCH$ geprüft. Da hier offensichtlich keine Gleichheit herrscht, kommen die in Zeile 35 und 40 niedergelegten Optionen nicht zur Geltung.
2) Als nächstes führt man den Vergleich von SUCH$ und dem 2. und 3. Zeichen von TEXT$ durch. Diese sind gleich, also wird gemäß Zeile 40 POS auf den aktuellen Wert der Laufvariablen, also auf 2 gesetzt.
3) In der Folge wird zwar die Schleife weiter durchlaufen; da POS aber bereits den Wert 2 hat, findet auf Grund der Vorschrift von Zeile 35 gar kein Vergleich mehr statt.

Setzt man den Anfangsindex der Schleife in Zeile 30 auf N, so kann man im übrigen auch INSTR(N,TEXT$,SUCH$) simulieren.

Übungsaufgaben:

2.37 a) Modifizieren Sie das soeben geschriebene Programm so, daß es angibt, wie oft der gesuchte Text im Ausgangstext enthalten ist.

b) Wir haben bei diesem Programm eine FOR...NEXT-Schleife verwendet. Geschickter wäre es, mit WHILE...WEND zu arbeiten. Formulieren Sie das Programm entsprechend um.

2.38 Schreiben Sie ein Programm, das es gestattet, Vor- und Nachnamen einer Person einzulesen, und das sodann deren Initialen ausgibt.

2.39 a) Schreiben Sie ein Programm, das einen eingegebenen String rückwärts wieder ausgibt.

b) Ein Palindrom ist ein Wort, welches vorwärts und rückwärts gelesen gleich ist wie z.B. OTTO, RELIEFPFEILER. Schreiben Sie ein Programm, welches für ein beliebiges eingelesenes Wort entscheidet, ob ein Palindrom vorliegt.

2.40 Man sagt, die Chinesen würden jedes r wie ein l aussprechen. Schreiben Sie ein Programm, welches ein eingelesenes Wort auf "chinesisch" hinschreibt.

2.41 Schreiben Sie ein Programm, welches untersucht, ob ein String mit einer Zahl endet. Ist dies der Fall, so soll diese ausgegeben werden, wenn nicht, soll 0 gedruckt werden. Beispielsweise soll nach Eingabe von "8 München 80" die Zahl 80 ausgegeben werden.

2.42 Ergänzen Sie das Programm von S.85 dahingehend, daß

a) gezählt wird, wieviele Namen den Buchstaben "e" bzw. "E" enthalten

b) angegeben wird, wieviel Namen die Länge 2,3,4,5,... ,20 haben und wieviele noch länger sind.

2.43 Schreiben Sie ein Programm, welches Dezimalzahlen in der in Deutschland üblichen Dezimalkommaschreibweise ausgibt.

2.9 Die Ausgabe von Steuerzeichen

In diesem Abschnitt wollen wir der Frage nachgehen, wie man Ausgabevorgänge steuern kann. Typische Probleme in diesem Zusammenhang sind:

Wie veranlaßt man den Drucker dazu, einen Seitenvorschub zu machen?

Wie erreicht man, daß die Ausgabe am Bildschirm dunkel auf hellem Grund erfolgt?

Wie steuert man eine ganz spezielle Position am Bildschirm oder am Drucker an?

Wie bringt man den Rechner zum Piepsen?

usw.

Viele Anfänger neigen dazu, die Schwierigkeit derartiger Aufgabenstellungen bei weitem zu überschätzen. Tatsächlich sind die betreffenden Programme aber ganz einfach.

Ausgangspunkt der Überlegungen ist der sogenannte ASCII-Code (vgl. S.210), auf den wir ja im bisherigen Verlauf bereits mehrfach gestoßen sind. Dieser wurde definiert, um eine einheitliche Zeichencodierung der Geräte unterschiedlicher Hersteller zu gewährleisten. Heutzutage ist es ja oft so, daß ein Rechner vom Typ A als Ausgabegerät einen Drucker der Marke B hat. Stellen Sie sich vor, der Computer sendet ein Signal aus, welches die Ausgabe von "Q" bewirken soll, und am Drucker erscheint "1". Ein heilloses Durcheinander wäre die Folge. Daher wurde außer für einige von Nation zu Nation verschiedener Symbole eine Normierung durchgeführt.
Wenn Sie sich aber die Tabelle für den ASCII-Code ansehen, so fällt auf, daß er nicht nur Buchstaben, Ziffern und gewisse Sonderzeichen codiert, sondern darüber hinaus eine ganze Reihe von Steuerfunktionen. Das gilt insbesondere für die unter 1 bis 32 codierten Größen. Ein kleiner Auszug mag dies verdeutlichen:

ASCII-Code	Reaktion
7	Ertönen eines akustischen Signals
8	Schreibmarke um eins zurück (Backspace)
9	Ansteuern der nächsten Tabulatorposition
10	Schreibmarke eine Zeile tiefer setzen
11	Schreibmarke eine Zeile höher setzen
12	Schreibmarke auf die nächste Seite setzen
13	Wagenrücklauf und Zeilenvorschub

Natürlich wird die inhaltliche Interpretation zum Teil davon abhängig sein, ob wir es mit einem Bildschirm oder mit einem Drucker zu tun haben. Beispielsweise wird das zu 12 gehörige Signal auf einen Bildschirm bezogen bewirken, daß dieser gelöscht wird.

Es erhebt sich nun natürlich die Frage, wie diese ASCII-Codes dem Rechner beigebracht werden können. Hierzu gibt es die Standardfunktion CHR$ (von "character"); sie kann als Argument eine beliebige ganze Zahl zwischen 0 und 127 erhalten. Gibt man nun eine Anweisung der Art PRINT CHR$(N), so wird das zu N gehörige Zeichen ausgegeben oder, wenn es sich um ein Steuersignal handelt, die entsprechende Aktion vorgenommen.

Beispiele:

```
? CHR$(38)
&
? CHR$(65)
A
? CHR$(114)
r
? CHR$(63)
?
? CHR$(7)
(es piepst)
? CHR$(12)
(der Bildschirm wird gelöscht)
```

Programmbeispiele:

1) Das folgende Programm löscht den Bildschirm und schreibt 10 Zeilen tiefer die Worte FACHHOCHSCHULE ULM auf die dritte Tabulatorposition:

```
10 PRINT CHR$(12);
20 FOR I = 1 TO 9
30    PRINT CHR$(13);
40 NEXT I
50 PRINT CHR$(9);CHR$(9);"FACHHOCHSCHULE ULM"
60 END
```

2) Dieses Programm findet der Rechner zum Piepsen:

```
10 FOR J = 1 TO 1000
20    PRINT CHR$(7)
30 NEXT J
```

Mit Hilfe des ASCII-Codes können Sie sich den Zeichenvorrat Ihres Rechners am Bildschirm ansehen; damit das Programm nicht zu schnell abläuft, habe ich in Zeile 25 eine Schleife eingebaut, in der überhaupt nichts passiert. Sie dient lediglich der Verzögerung. Achten

Sie darauf, daß wir das Programm von vornherein erst ab CHR$(32) laufen lassen, um den Steuersignalen auszuweichen.

```
10 FOR J = 32 TO 127
20    ? J,CHR$(J)
25    FOR K=1 TO 1000:NEXT K
30 NEXT J
40 END
RUN
 32
 33    !
 34    "
 35    #
 ...
```

Das alles läuft nun mehr oder weniger schnell vor Ihnen ab. Bei Bedarf können Sie die Geschwindigkeit durch Abändern der Zahl 1000 in Zeile 25 regulieren.

Als nächstes lassen wir dasselbe Programm am Drucker laufen. Dazu bedarf es lediglich einer Abänderung von Zeile 20:

```
20    LPRINT J, CHR$(J)
```

Außerdem kann Zeile 25 jetzt natürlich gelöscht werden. Lassen Sie nun das Programm laufen, und vergleichen Sie den erhaltenen Ausdruck mit den Ergebnissen von vorhin. Wenn Sie Glück haben, herrscht Übereinstimmung. Sicher ist das aber trotz meiner Vorbemerkungen durchaus nicht. Möglich ist zum Beispiel, daß Rechner oder Drucker nicht die nationalen Zeichensätze mit ä,ö,ü und dergleichen, sondern die internationalen Zeichen ausgeben. Als Ausweg bietet sich an, eine softwaremäßige Anpassung vorzunehmen, das Typenrad zu wechseln usw. Wenn Sie damit nicht klarkommen, so fragen Sie am besten einen Fachmann. Im Kernbereich sollten dagegen keine Unterschiede zu verzeichnen sein.

Bemerkung:

Bei manchen Rechnern ist der Zeichenvorrat so groß, daß auch noch zu den Positionen 128 bis 255 je ein neues Zeichen gehört. Testen Sie dies für Ihren Rechner, indem Sie im ersten Programm die Schleifengrenze in Zeile 10 auf 255 hinaufsetzen!

Häufig werden Bildschirmmanipulationen auch durch bestimmte Zeichenfolgen ausgelöst. Dabei handelt es sich oft darum, daß zuerst das Zeichen ESCAPE - es hat im ASCII-Code die Nummer 27 - und danach ein weiteres Zeichen ausgegeben wird. Hier gibt es natürlich anlagenspezifische Unterschiede. Am Rechner der Fachhochschule Ulm gilt beispielsweise die Zuordnung:

ESC j	Umschaltung auf inverse Ausgabe der Zeichen (also dunkel auf hellem Grund)
ESC k	Rückschaltung auf die normale Ausgabe
ESC ↑	Umschaltung auf blinkende Ausgabe
ESC q	Rückschaltung auf die normale Ausgabe
ESC 1	Setzen eines Tabulatorpunkts
ESC 2	Löschen eines Tabulatorpunkts
ESC i	Ansteuern des nächsten Tabulatorpunktes

Derartige Zeichenfolgen können sowohl über Tasten in der Kommandoebene als auch innerhalb von Programmen ausgegeben werden. Man kann mit ihrer Hilfe die optische Gestaltung des Dialogs mit dem Benutzer verbessern, ihn durch akustische Signale zu einer Eingabe veranlassen usw.

Beispiel:
Das folgende Programm löscht den Bildschirm und schreibt in die erste Zeile ab der Position 35 den Text "FACHHOCHSCHULE ULM", und zwar dunkel auf hellem Grund:

```
10 PRINT CHR$(12);TAB(34);
20 PRINT CHR$(27);CHR$(106);
30 PRINT "FACHHOCHSCHULE ULM";CHR$(27);CHR$(107)
40 END
```

Allgemein läßt sich folgendes sagen: Wenn Sie Ihren Drucker optimal nutzen wollen, sollten Sie unbedingt im zugehörigen Handbuch schmökern. Sie können dort beispielsweise häufig Möglichkeiten zur selbständigen Tabulatoreinstellung, zur Wahl von Schriftart, Schriftgröße, Zeilenzahl pro Seite usw. finden.

Einige BASIC-Versionen besitzen für Manipulationen der Bildschirmausgabe auch gesonderte Vokabeln. Hier sind einige typische aufgeführt:

HOME	löscht den Bildschirm
CLS	löscht den Bildschirm
BEEP	erzeugt einen Ton
INVERSE	umschalten auf inverse Darstellung
NORMAL	Rückschaltung auf normale Darstellung
FLASH	blinkende Darstellung

Da derartige Befehle sehr systemspezifisch sind, gehe ich darauf in der Folge nicht mehr näher ein.

Als nächstes wollen wir besprechen, wie bestimmte Positionen am Bildschirm angesteuert werden können. Hier gibt es rechnerspezifische Lösungen. Wir besprechen sie an Hand der Grundaufgabe, in die 10. Zeile des Bildschirms ab der 15. Spalte das Wort "Mathematik" zu schreiben.

1) Die folgende Version dürfte auf nahezu jedem Rechner laufen:

```
10 PRINT CHR$(12);
20 FOR J=1 TO 9
30    PRINT CHR$(13);
40 NEXT J
50 PRINT TAB(15);"Mathematik"
60 END
```

2) In Applesoft kann durch HTAB I die I-te Spalte und durch VTAB K die K-te Zeile angesteuert werden (die Begriffe kommen von "horizontal tab" bzw. "vertical tab"). Unsere Grundaufgabe kann dann wie folgt gelöst werden:

```
10 PRINT CHR$(12)
20 VTAB 10: HTAB 15
30 PRINT "Mathematik"
40 END
```

3) Beim IBM-PC läßt sich der Cursor vermöge der LOCATE-Anweisung positionieren. Mit LOCATE I,K wird die K-te Spalte der I-ten Zeile angesteuert. Unser Musterprogramm sieht also fast gleich aus wie in 2). Abzuändern ist lediglich Zeile 20, und zwar wie folgt:

```
20 LOCATE 10,15
```

Kenner seien schließlich darauf hingewiesen, daß bei LOCATE noch weitere Parameter stehen können. Konsultieren Sie Ihr Handbuch.

Bemerkung:

Einige BASIC-Versionen bieten Ihnen auch die Möglichkeit abzufragen, wo der Cursor momentan steht. Häufig wird für die Angabe der Spalte die Funktion POS herangezogen; die Zeilenzahl können Sie zum Beispiel über CSRLIN (von "cursor line") erfragen.

Ein Hauptanwendungsgebiet dieser Technik ist das Schreiben von Eingabemasken. Sehen wir uns hierzu ein Beispiel an, mit dem die Eingabe einer Uhrzeit kontrolliert wird; ich beschränke mich darauf, die Version 3) vorzustellen.

```
10 PRINT CHR$(12);
20 PRINT "Geben Sie die Uhrzeit in der Form ##.## ein."
30 INPUT"",ZEIT$
40 IF LEN(ZEIT$)=5 AND MID$(ZEIT$,3,1) = "." THEN 90
50 PRINT "Eingabefehler."
55 PRINT CHR$(7)
```

```
60  LOCATE 2,1
70  PRINT "                          "
75  LOCATE 2,1
80  GOTO 30
90  ...
```

Wie Sie sehen, prüft der Rechner, ob die Eingabe die Gesamtlänge 5 hat und ob in der Mitte ein Punkt sitzt. Natürlich ist dies kein absoluter Schutz, denn eine Eingabe der Art "PE.CH" würde als korrekt akzeptiert; so etwas dürfte aber auch nur mutwilligerweise vorkommen. Nach einem Eingabefehler passiert im einzelnen folgendes:

1) In Zeile 50 wird der Kommentar "Eingabefehler" ausgegeben. Gleichzeitig ertönt gemäß Zeile 55 ein Piepser, um den Benutzer auch akustisch zu warnen.
2) Wir wissen auf Grund der Vorgeschichte, daß die Eingabe in der zweiten Zeile vorgenommen wurde. Daher steuern wir vermöge der Anweisung in Zeile 60 diese Zeile wieder an, überschreiben mit Zeile 70 die alte Eintragung und setzen den Cursor wieder an den Zeilenbeginn. Danach kann die Eingabe wiederholt werden.

Abschließend sei vermerkt, daß es zu der Funktion CHR$ auch ein Gegenstück gibt. Je nach Rechner trägt es die Bezeichnung ORD oder ASC. Diese Funktion ordnet jedem Zeichen den zugehörigen ASCII-Wert zu.

Beispiele:

```
? ASC("A")
 65
? ASC("3")
 51
? ASC("&")
 38
```

Übungsaufgaben:

Für diese Übungsaufgaben unterstelle ich, daß ein Bildschirm mit 24 Zeilen und 80 Zeichen pro Zeile zur Verfügung steht. Außerdem sollen die speziellen Steuersignale des Rechners der Fachhochschule Ulm (vgl. S.114) verwendet werden.

2.44 Schreiben Sie ein Programm, das den Bildschirm löscht, in die Mitte invers den Text "Asterix und Obelix, die tapferen Gallier" und danach zwei Zeilen darüber in Normaldarstellung "Unsere Freunde:" (in die Zeilenmitte) schreibt.

2.45 Schreiben Sie einen Programmteil, der den Benutzer auffordert, das Datum in der Form ##.##.## einzugeben, diese Eingabe kontrolliert und gegebenenfalls in Analogie zum Vorgehen auf S.115/6 zur Korrektur auffordert.

2.46 Stellen Sie sich vor, Sie wollen ein Programm vor Fremdbenutzung durch Programmierlaien schützen. Dazu lassen Sie sich folgendes einfallen: Am Anfang erfragen Sie ein Paßwort. Wird etwas anderes als der korrekte Code (etwa "Claudia") eingegeben, so soll der Bildschirm gelöscht werden und der Rechner soll nur noch pfeifen. Schreiben Sie den betreffenden Programmteil.

2.10 Der Einsatz des Zufallsgenerators

Viele Leute kaufen sich einen Computer in erster Linie deshalb, weil sie mit ihm spielen wollen. Besonders bei denjenigen Telespielen, bei denen man allein gegen den Rechner spielt, kommt es vielfach darauf an, daß dessen Verhalten nicht vorhersagbar ist. Dazu wird er durch den sogenannten Zufallsgenerator befähigt, mit dem wir uns in diesem Abschnitt näher beschäftigen wollen. Zufallszahlen sind aber nicht nur für Spiele von Bedeutung, sondern auch bei der Simulation komplizierter Sachverhalte. Viele Modellbildungen im technischen oder volkswirtschaftlichen Bereich lassen sich so kostengünstig am Rechner untersuchen, ein Verfahren, das von immer größerer Bedeutung zu werden scheint.
Unter einem Zufallsgenerator versteht man ein meist im Betriebssystem enthaltenes Programm, mit dessen Hilfe eine willkürliche Folge von Zahlen erzeugt wird. Meist liegen sie im Bereich $0 \le x < 1$, sind also von der Form 0,... . Diese sogenannten Zufallszahlen sind dadurch gekennzeichnet, daß man aus der Kenntnis eines beliebigen Teilstücks einer Folge von Zufallszahlen nicht darauf schließen kann, wie die nächste Zufallszahl lauten wird. Außerdem kommt auf lange Sicht jeder Wert etwa gleich oft vor; in der Statistik spricht man von einer Gleichverteilung.
Der Aufruf der jeweils nächsten Zufallszahl erfolgt durch RND; sie können sich darunter eine Funktion ohne Argument vorstellen. Das folgende Programm druckt zehn Zufallszahlen aus:

```
10 FOR I = 1 TO 10
20    PRINT RND
30 NEXT I
40 END
```

```
RUN
 .2491012
 .3016716
 .9920105
 .5718814
 .2914734
 .7704825
 .1539182
 .8468690
 .0658767
 .9201705
```

Wie Sie sehen, ist kein Schema erkennbar. Außerdem können Sie feststellen, daß die Zahlen verhältnismäßig gleichmäßig über das Intervall [0,1) verstreut sind. Bei einer so geringen Zahl von Versuchen können allerdings noch deutliche Abweichungen auftreten.

Wir lassen das Programm ein zweites Mal laufen:

```
RUN
 .2491012
 .3016716
 .9920105
 .5718814
 .2914734
 .7704825
 .1539182
 .8468690
 .0658767
 .9201705
```

Wie Sie sehen, hat sich die gleiche Zahlenfolge ergeben. Dies kann bei Simulationszwecken nützlich sein, weil dann verschiedene Problemlösungen unter denselben Rahmenbedingungen getestet werden können. Häufig wird man aber jedesmal eine andere Zahlenfolge haben wollen; ein Spiel, bei dem der Rechner immer nach demselben Strickmuster operiert, wird nach wenigen Durchgängen reizlos. Hier hilft die Anweisung RANDOMIZE, die dafür sorgt, daß im allgemeinen jedesmal eine andere Folge von Zufallszahlen erscheint. Wir variieren daher unser Programm wie folgt:

```
 5 RANDOMIZE
10 FOR I = 1 TO 5
20    PRINT RND
30 NEXT I
40 END
```

```
RUN
 .7324487
 .6537841
 .3946960
 .9146913
 .0064541
RUN
 .4912990
 .5192469
 .0640324
 .8164327
 .2705983
```

Offenbar erhält man das Gewünschte.

Bemerkungen:

1) Bei manchen BASIC-Versionen kann zu RND noch ein Argument hinzugefügt werden. Dieses hat dann z.B. die folgende Bedeutung:
   a) Ist es gleich 0, so wird noch einmal die vorige Zufallszahl ausgegeben.
   b) Ist es negativ, so wird eine von diesem Argument abhängige Zufallszahlenfolge erzeugt. Die Anweisung RANDOMIZE bleibt für derartige Zufallszahlen dann ohne Wirkung.
2) Ebenso kann es erforderlich sein, daß bei RANDOMIZE ein Argument hinzutreten muß, um jedesmal den Zufallsgenerator anders zu starten. In diesem Fall empfiehlt sich - falls vorhanden - eine Kopplung mit der eingebauten Uhr.

Als nächstes soll der Rechner würfeln. Das bedeutet, daß er zufallsbedingt nur ganze Zahlen zwischen 1 und 6 ausgeben soll. Der Zufallsgenerator liefert aber beliebige rationale Zahlen im Bereich $[0,1)$. Daher müssen wir zuerst eine geeignete Transformation durchführen. Hier hilft uns die auf S.18 vorgestellte Funktion INT. Wir sollten daher so vorgehen, daß wir den Bereich von 0 bis 1 auf das Intervall $[1,7)$ abbilden und danach auf jede so gewonnene Zahl die Funktion INT anwenden. Dazu multiplizieren wir jede Zufallszahl zuerst mit 6 (dadurch erhalten wir Zahlen aus $[0,6)$), danach addieren wir noch 1. Damit können wir das Würfelprogramm wie folgt formulieren:

```
10 RANDOMIZE
20 FOR J = 1 TO 5
30    PRINT INT(6*RND + 1)
40 NEXT J
50 END
```

```
RUN
 2
 6
 3
 5
 5
```

Das Würfeln mit zwei Würfeln simulieren wir wie folgt:

```
10 RANDOMIZE
20 ?INT(6*RND+1)+INT(6*RND+1)
30 END
RUN
 10
```

Wir beschließen diesen Abschnitt mit zwei Regeln, die unmittelbar einleuchtend sind:

1) Ist man an gleichverteilten Zufallszahlen im Bereich [a,b) interessiert, so muß man a + (b-a)*RND bilden.
2) Gleichverteilte ganzzahlige Zufallszahlen im Bereich M,M+1,...,N erhält man durch M + INT(RND*(N-M+1)).

Ausführlichere Beispiele zu diesem Themenkreis finden Sie in Kapitel 4.

Übungsaufgaben:

2.47 Schreiben Sie ein Programm, das 1000 Würfe mit zwei Würfeln simuliert und zählt, wie oft die einzelnen Augensummen auftreten.

2.48 Schreiben Sie ein Programm, das das gleichzeitige Würfeln mit drei Würfeln simuliert und die Augensumme ausgibt.

2.49 Schreiben Sie ein Programm, das den Rechner dazu veranlaßt, 100mal zufallsbedingt 1 oder 2 auszugeben und zählt, in wievielen Fällen die 1 gekommen ist.

2.50 Ein Konzern sucht einen Namen für sein neues Produkt. Der Werbemanager kommt auf die Idee, es mit einem dreisilbigen Wort zu versuchen. Zur Auswahl stehen die Silben al, ben, so, lin, en, ka, um, san, do, el, bei, ro. Schreiben Sie ein Programm, das zufallsbedingt 10 Namensvorschläge macht.

2.51 a) Schreiben Sie ein Programm, das nur Nullen und Einsen ausgibt; dabei soll im Schnitt in 80% aller Fälle eine 0 kommen.

b) 4 Skatfreunde treffen sich regelmäßig am Stammtisch. Einer kommt in 95% der Fälle, einer in 90%, einer in 80% und einer schließlich in 75% der Fälle. Lassen Sie den Computer 1000 Stammtischabende simulieren und stellen Sie fest, wie oft ein Skat zustande kommt (bekanntlich braucht man 3 Spieler).

2.11 Unterprogramme

Tritt in einem Programm wiederholt dieselbe Folge von Anweisungen auf, so kann man diese in einem Unterprogramm zusammenfassen. Dieses Unterprogramm wird dann im allgemeinen wiederholt "angesprungen". Man vermeidet dadurch das mehrfache Schreiben der Anweisungsfolge, schaltet damit Fehlerquellen aus und spart obendrein Speicherplatz. Dies soll an Hand des folgenden Schemas erläutert werden:

```
ohne Unterprogramm
.....
X = 1.4
.......... erstes Auftreten
.......... der Anweisungs-
.......... folge
....
....
X = 1.76
.......... zweites Auftreten
.......... der Anweisungs-
.......... folge
....
X = 2.1
.......... drittes Auftreten
.......... der Anweisungs-
.......... folge
....
....
```

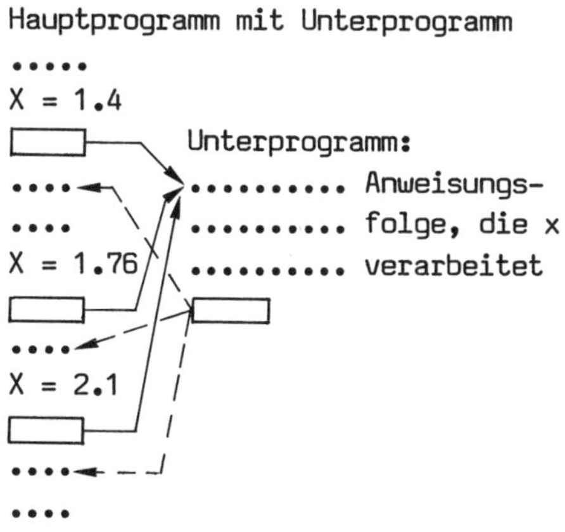

Die Kästen deuten dabei die nötigen Sprunganweisungen an.

Man erkennt, daß bei der Verarbeitung eines Unterprogramms folgendes Problem besteht: Der Rechner muß nach Abarbeitung der als Unterprogramm zusammengestellten Anweisungsfolge an unterschiedliche Stellen des Hauptprogramms zurückspringen. Er muß dabei die Ausführung des Hauptprogramms genau hinter derjenigen Zeile fortsetzen, von der aus er ins Unterprogramm gesprungen war. Diese "Rückkehradresse" muß also schon beim Anspringen des Unterprogramms in einer geeigneten Datei, dem sogenannten Stapel (stack), abgespeichert werden. Deshalb kann ein Sprung ins Unterprogramm kein gewöhnliches GOTO sein. Statt dessen verwendet man die Anweisung

GOSUB Zeilennummer.

Das Ende eines Unterprogramms erkennt der Rechner am Auftreten der Vokabel RETURN. Von der Natur der Sache her ist es klar, daß nach RETURN keine Zeilennummer als Rücksprungadresse angegeben werden darf. Wie bereits erwähnt wurde, wird die Rückkehradresse "gestapelt". Das bedeutet, daß beim Aufruf eines zweiten Unterprogramms innerhalb des vorliegenden die erste Rückkehradresse im Stapel um eine Position verschoben wird. Dadurch wird die zweite Rückkehradresse als aktuelle Rücksprungmarke gespeichert. Sollte im zweiten Unterprogramm noch ein drittes aufgerufen werden, so wird der Stapel in analoger Weise wieder um eine Rücksprungadresse erhöht usw. Stößt der Rechner dagegen auf einen RETURN-Befehl, so wird der Stapel wieder um eine Adresse abgebaut. Deshalb ist es streng verboten, anders als mit RETURN aus einem Unterprogramm herauszuspringen; auf dem Stapel bleibt ja die alte Rücksprungadresse liegen. Ebensowenig darf man anders als mit GOSUB in ein Unterprogramm hineinspringen (oder durch Unachtsamkeit beim normalen Programmablauf hineinrutschen); die Konsequenz wäre ein RETURN WITHOUT GOSUB ERROR.

Bemerkungen:

1) Manche Rechner erlauben den Ausstieg aus Unterprogrammen mittels GOTO. Vor dem Ausstieg wird dabei der Befehl POP gegeben, der den Stapel um eins erniedrigt und so die oben skizzierte Fehlerquelle vermeidet.
2) Unterprogramme sollte man nicht wahllos irgendwo im Programm plazieren; es empfiehlt sich vielmehr im Regelfall, sie entweder ganz am Schluß oder ganz am Anfang aufzuführen. Welche dieser beiden Varianten besser ist, hängt vom jeweiligen Rechner ab.
3) Natürlich können nicht beliebig viele Unterprogramme ineinandergeschachtelt werden; schließlich müssen ja alle Rücksprungadressen auf dem Stapel abgespeichert werden, und dessen Fassungsvermögen ist begrenzt. Die für den jeweiligen Rechner höchstzulässige Stapelhöhe entnimmt man dem Handbuch.

Beispiele:

1) Bei kommerziellen Softwarepaketen ist es häufig an vielen Stellen erforderlich, dem Benutzer Fragen zu stellen, die mit Ja oder Nein zu beantworten sind. Dabei soll die Eingabe eines mit J,j oder Y beginnenden Wortes sowie von RETURN als Bejahung aufgefaßt werden, jede andere Eingabe dagegen als Verneinung. Das folgende Unterprogramm leistet unter der Voraussetzung, daß die Antwort unter A$ abgespeichert wird, das Gewünschte:

```
   .
500  H$ = LEFT$(A$,1)
510  A$ = "Nein"
520  IF H$ = "J" OR H$ = "j" OR H$ = "Y" OR H$ = "" THEN A$ ="Ja"
530  RETURN
   .
```

Ein typischer Aufruf sieht so aus:

```
   .
120  INPUT "Ist das ok? ",A$
130  GOSUB 500
140  IF A$ = "Ja" THEN ...
   .
```

2) Bei der Ausgestaltung der von Programmen erzeugten Ausgabe ist es häufig notwendig, eine variable Zahl von Leerzeilen einzufügen. Hier könnte folgendes Unterprogramm helfen:

```
500  PRINT
510  PRINT
520  PRINT
530  PRINT
540  PRINT
550  RETURN
```

Benötigt man 3 Leerzeilen, so schreibt man:

```
GOSUB 520
```

braucht man dagegen 4, so entscheidet man sich für

```
GOSUB 510
```

Wie Sie sehen, besitzt also ein Unterprogramm nicht notwendigerweise einen wohldefinierten Beginn; angesprungen werden kann je nach Bedarf jede beliebige Zeile.

3) Das folgende Unterprogramm rundet einen mit Hilfe von A übergebenen Geldbetrag auf Pfennigbeträge, indem alle Stellen hinter der zweiten unter den Tisch fallen. Es ist damit das zentrale Hilfsmittel zum Schreiben einer Rechnung (vgl. S.177ff). Wir überlegen uns kurz, wie so etwas gemacht werden kann. Das einfachste ist es wohl, den gegebenen Geldbetrag mit 100 zu multiplizieren und dann mit der Integer-Funktion den Nachkommaanteil abzuspalten. Schließlich ist

durch 100 zu dividieren. Machen wir uns das an einem Beispiel klar:

```
A = 123.4567         mal 100
A = 12345.67         INT-Funktion
A = 12345            geteilt durch 100
A = 123.45
```

Das läßt sich schrittweise oder in einem Zug programmieren:

```
500  A = 100*A          500  A = INT(100*A)/100
510  A = INT(A)         510  RETURN
520  A = A/100
530  RETURN
```

Um das Unterprogramm zu testen, ergänzen wir es durch ein kurzes Hauptprogramm. Achten Sie dabei auf den Sprung in Zeile 40, der verhindert, daß wir aus Versehen in das Unterprogramm hineingeraten.

```
 10  INPUT A
 20  GOSUB 500
 30  PRINT A
 40  GOTO 600
500  ...
600  END
RUN
? 123.456
 123.45
RUN
? 14.5021
 14.5
```

Der letzte Befund ist unbefriedigend. Wir wollen schließlich die Geldbeträge immer mit zwei Nachkommastellen erhalten. Hier müssen wir, wie schon früher angedeutet wurde, Zuflucht zur Textverarbeitung nehmen. Nach Ausführung von Zeile 510 des ausführlicher gehaltenen Unterprogrammentwurfs haben wir doch sämtliche Stellen des Geldbetrages richtig dastehen; es ist lediglich erforderlich, vor die letzten beiden Positionen den Dezimalpunkt zu setzen. Allerdings müssen wir noch die Fälle, daß Pfennigbeträge vorliegen, gesondert behandeln. Ferner müssen wir daran denken, daß STR$ ein führendes Leerzeichen hat.

Folgende Ergänzung führt zum Ziel:

```
511  A$ = STR$(A)
512  A$ = MID$(A$,2)
513  IF A<10 THEN A$ = "0.0" + A$: GOTO 518
514  IF A<100 THEN A$ = "0." + A$: GOTO 518
516  A$ = LEFT$(A$,LEN(A$)-2) + "." + RIGHT$(A$,2)
518  A$ = A$ + " DM"
```

Je nach Sachlage kann Zeile 520 gelöscht werden. Auf alle Fälle müssen wir aber im Hauptprogramm die Zeile 30 durch

```
30 PRINT A$
```

ersetzen.

Durchschauen Sie das Unterprogramm? Es ist nicht ganz einfach, daher gebe ich noch ein paar Erläuterungen:

1) Zeile 512 behandelt den Fall, daß der Betrag unter 10 Pfennig liegt. Hier ist "0.0" zu ergänzen; so wird beispielsweise 5 in 0.05 verwandelt.
2) Zeile 514 ist zuständig, wenn der Betrag unter einer Mark liegt, aber größer gleich 10 Pfennig ist. Hier muß offenbar nur 0. ergänzt werden.
3) Der übliche Fall, daß der Betrag eine Mark oder mehr beträgt, wird in Zeile 516 abgehandelt. Nach der Multiplikation mit 100 und dem Übergang zur entsprechenden ganzen Zahl sind die beiden rechten Ziffern der Pfennigbetrag, die übrigen der Markbetrag. Somit müssen wir von A$ alle Ziffern mit Ausnahme der beiden rechten abspalten; genau das aber besorgt die bizarr anmutende Funktion LEFT$(A$,LEN(A$)-2). Danach wird der Dezimalpunkt gesetzt, und schließlich werden die Pfennige ergänzt.

Die Ausgestaltung der Unterprogrammtechnik dürfte wohl eine der größten Schwächen der Programmiersprache BASIC sein. Unterprogramme sind hier in der Tat nichts anderes als Zusammenstellungen von Programmzeilen. Bei ihrem Aufruf muß sorgfältig darauf geachtet werden, daß alle Variablen den gleichen Namen haben wie ihre "Ansprechpartner" im Unterprogramm; außerdem verändern Hilfsvariable des Unterprogramms etwa vorhandene gleichnamige Variable des Hauptprogramms. Dies ist ein großer Nachteil, denn auf diese Weise ist es sehr schwierig, universell geschriebene Unterprogramme wie etwa Sortierprogramme oder Suchprogramme in verschiedenen Programmen einzusetzen. Grundvoraussetzung ist jedesmal eine penible Kontrolle der Variablen, und zwar auch solcher, die nur intern im Unterprogramm verwendet werden. Aus dem gleichen Grund entstehen Probleme, wenn mehrere Programmierer gemeinsam ein Programm erstellen. Hier fordert der BASIC-Norm-Entwurf Abhilfe. Demzufolge soll es möglich sein, Unterprogramme mit einem Namen zu versehen und Parameter an sie zu übergeben, die dann entsprechenden formalen Parametern der Prozedur zugewiesen werden (vergleichen Sie damit das Funktionskonzept, S.127ff). Nur diese ausdrücklich einander zugeordneten Parameter stehen miteinander in Wechselwirkung. Andere gleichnamige Variablen in Prozedur und Hauptprogramm beeinflussen sich nicht. Da die meisten gängigen Rechner noch nicht über diese Option verfügen, gehe ich an dieser Stelle darüber hinweg und verweise interessierte Leser auf das BASIC-Buch, das ich zusammen mit Siegfried Stief geschrieben habe; in diesem wird der Norm-Entwurf vorgestellt. Wenn Sie prüfen wollen, ob Ihr Rechner das Prozedurkonzept hat, so suchen Sie in Ihrem Handbuch unter Stichworten wie SUB oder CALL (achten Sie aber darauf, daß letzteres bei vielen Rechnern auch eine andere Bedeutung hat, nämlich den Aufruf von Unterprogrammen in Maschinensprache).

Abschließend sei darauf hingewiesen, daß es auch ein Analogon zu ON...GOTO für den Aufruf von Unterprogrammen gibt. Die Wirkungsweise ist genau die gleiche, nur daß jetzt nicht einfach zu einer Zeilennummer, sondern zu einem dort beginnenden Unterprogramm verzweigt wird. Das auf S.66 vorgestellte Programm zur Handhabung eines Menüs könnte daher auch so abgefaßt sein:

```
10  PRINT "MENÜ":PRINT
20  PRINT "Kunden aufnehmen";TAB(39);"1"
30  PRINT "Kundendaten ändern";TAB(39);"2"
40  PRINT "Kunden streichen";TAB(39);"3"
50  PRINT
60  INPUT "Was wird gewünscht? ", I
70  ON I GOSUB 1000,2000,3000
.
RUN
MENÜ

Kunden aufnehmen                        1
Kundendaten ändern                      2
Kunden streichen                        3

Was wird gewünscht?
```

Wie Sie sehen, ändert sich nichts am äußeren Ablauf; man hat jetzt lediglich darauf zu achten, daß an den Stellen 1000, 2000 und 3000 Unterprogramme stehen.

Übungsaufgaben:

2.52 Was ist bei folgendem Programm nicht in Ordnung:

```
10  GOSUB 500
20  PRINT "Überschrift"
30  GOSUB 510
40  FOR I = 1 TO 12
50     INPUT A$(I)
60     PRINT A$(I)
70  NEXT I
80  GOSUB 510
```

```
 90  PRINT "Fertig."
500  PRINT
510  PRINT
520  PRINT
530  RETURN
```

Führen Sie die Berichtigung durch.

2.53 Schreiben Sie ein Unterprogramm, das jeden Kleinbuchstaben eines eingelesenen Strings in den entsprechenden Großbuchstaben umwandelt.

2.54 a) Schreiben Sie ein Unterprogramm, das einen im Gradmaß gegebenen Winkel ins Bogenmaß umwandelt.
b) Schreiben Sie ein Programm, das für einzulesende Winkel im Gradmaß jeweils den Sinus berechnet und ausgibt.

2.55 Diese Aufgabe richtet sich nur an mathematisch vorbelastete Leser:
a) Schreiben Sie Unterprogramme zur Addition und Multiplikation von komplexen Zahlen.
b) Schreiben Sie ein Programm, das gestützt auf diese Unterprogramme für zwei eingelesene komplexe Zahlen a und b den Ausdruck $(a + b)^3$ berechnet.

2.12 Verschiedenes

A) Benutzerfunktionen

Bekanntlich bietet BASIC einen reichen Vorrat an Standardfunktionen für numerische Zwecke und zur Textverarbeitung; eine Zusammenstellung der wichtigsten Funktionen finden Sie auf S.214ff. Darüber hinaus aber hat man die Möglichkeit, eigene Funktionen zu definieren. Dies geschieht vermöge der Anweisung

```
DEF FNName(Variablenliste) = Ausdruck
```

Die einzelnen als Argumente verwendeten Variablen sind dabei durch Kommata voneinander zu trennen. Bei der Namensgebung ist darauf zu achten, ob als Funktionswert ein Text oder eine Zahl erwartet wird; je nachdem ist ein $ an den Namen anzuhängen oder nicht.

Beispiele:

```
DEF FNF(X) = X*X
DEF FNPYTHAGORAS(X,Y) = SQR(X*X+Y*Y)
```

```
DEF FNDURCHSCHNITT(X,Y,Z) = (X+Y+Z)/3
DEF FNKOPPEL$(X$,Y$,Z$) = X$+Y$+Z$
```

Unzulässig wäre dagegen:

```
DEF FNF(X*X) = X
```

Bemerkungen:

1) Manche BASIC-Versionen erlauben lediglich Funktionen von einem Argument oder nur rein numerische Funktionen.
2) Es gibt Rechner, bei denen das dem eigentlichen Funktionsnamen vorangestellte FN entfallen darf. Ebenso ist es denkbar, daß zwischen FN und dem eigentlichen Funktionsnamen ein Leerzeichen stehen muß.
3) Laut BASIC-Norm-Entwurf dürfen sich Funktionsvereinbarungen auch über mehrere Zeilen erstrecken. Dies ist momentan nur in sehr wenigen BASIC-Versionen realisiert.

Der Aufruf der Funktion erfolgt wie in der Mathematik üblich durch Angabe der aktuellen Argumente; natürlich muß zuerst die Definitonsanweisung erfolgen.

```
10 DEF FNDURCHSCHNITT(X,Y,Z) = (X+Y+Z)/3
20 PRINT FNDURCHSCHNITT(2,4,3)
30 END
RUN
 3
```

Ferner besteht die Möglichkeit, daß die Argumente beim Aufruf beliebige Ausdrücke sind:

```
10 DEF FNDURCHSCHNITT(X,Y,Z) = (X+Y+Z)/3
20 INPUT A,B
30 PRINT 6*FNDURCHSCHNITT(A,B,A-B)
40 END
RUN
? 4,5
 16
```

Die in der Definitionsanweisung auftretenden Variablen X,Y und Z haben nur die Bedeutung von Platzhaltern; man nennt sie deshalb formale Parameter. Etwaige Variable gleichen Namens im Restprogramm werden durch den Aufruf der Funktion nicht tangiert. Dies zeigt das folgende Demonstrationsprogramm:

```
 5 X = 1: Y = 4
10 DEF FNDURCHSCHNITT(X,Y,Z) = (X+Y+Z)/3
20 PRINT FNDURCHSCHNITT(2,2,2)
30 PRINT X;Y;Z
40 END
```

```
RUN
 2
 1  4  0
```

Die 0 rührt daher, daß dem Speicher Z eben noch kein Wert zugewiesen worden ist.
Ein anderes Problem ist, was mit Variablen geschieht, die nicht in der Liste der Argumente auftauchen. Sehen wir uns dazu das folgende Programm an:

```
10  INPUT "N = ",N
20  DEF FNF(X) = X↑N
30  INPUT "X = ",X
40  IF X=0 THEN 80
50  PRINT FNF(X)
60  N = N+1
70  GOTO 30
80  END
RUN
N = 3
X = 4
 64
X = 2
 16
X = 0
```

Entscheidend ist hier also immer der jeweilige aktuelle Wert von N. Vergleichen Sie damit das folgende Programm:

```
10  DEF FNF(X,N) = X↑N
20  INPUT "X = ",X
30  PRINT FNF(X,2)
40  PRINT FNF(X,N+1)
50  END
RUN
X = 3
 9
 3
```

Hier wurde N auf Grund seiner Rolle als formaler Parameter eben nicht in Zeile 30 auf 2 gesetzt, sondern hat in Zeile 40 noch den standardmäßig gegebenen Ausgangswert 0.

B) Kommentare

Besonders bei längeren Programmen wird es nützlich sein, in das Programm selbst Hinweise zur Bedeutung von gewissen Abschnitten einzustreuen. BASIC erlaubt derartige Kommentare. Jede Anweisung, die mit der Vokabel REM eingeleitet wird, wird vom Computer bei der Programmausführung ignoriert. Auf diese Weise kann man ein Programm optisch gliedern und überschaubarer machen. Sehen Sie sich dazu das folgende Programm zur Lösung quadratischer Gleichungen an (bei dem ich zugegebenermaßen etwas übertrieben habe):

```
10 REM *********** Lösen quadratischer Gleichungen ************
20 INPUT A,B,C
22 IF A=0 THEN 190: REM ********** Abbruchbedingung **********
30 D = B*B-4*A*C
40 REM *********** Untersuchung der Diskriminante ************
50 IF D<0 THEN 160
60 IF D=0 THEN 120
70 REM *************** Positive Diskriminante ****************
80 X1 = (-B+SQR(D))/2/A: X2 = (-B-SQR(D))/2/A
90 PRINT "X1 ="; X1
100 PRINT "X2 ="; X2
110 GOTO 20
120 REM *************** Diskriminante gleich 0 ****************
130 PRINT "Es gibt nur die Lösung:"
140 PRINT "X ="; -B/2/A
150 GOTO 20
160 REM *************** Negative Diskriminante ****************
170 PRINT "Die Gleichung ist unlösbar."
180 GOTO 20
190 END
```

Bei längeren Programmen sollten Sie unbedingt von dieser Möglichkeit Gebrauch machen.

C) Programmverkettungen

Bei großen Programmen oder solchen Programmen, die mit umfangreichen Datenmengen operieren, kann der Fall eintreten, daß der Arbeitsspeicher des Rechners nicht ausreicht. In diesem Fall bietet es sich an, das Programmpaket in mehrere Einzelprogramme zu zerschlagen und diese separat zur Anwendung zu bringen. Ich erläutere dies an zugegebenermaßen trivialen Beispielen. Dabei gehe ich davon aus, daß folgendes Programm unter dem Namen TEST auf der Diskette zur Verfügung steht:

```
10 C = 2
20 PRINT A,B,C
30 END
```

Die einfachste Art, dieses Programm aus einem anderen heraus aufzurufen, sieht bei den meisten Rechnern wie folgt aus:

```
10  A = 1 : B = 2 : C = 3
15  PRINT A,B,C
30  RUN "TEST"
40  END
RUN
 1       2       3
 0       0       2
```

Offenbar sind also die alten Variablenwerte verlorengegangen. Um zu erfahren, was im Arbeitsspeicher steht, geben wir das Kommando LIST:

```
LIST
10  C = 2
20  PRINT A,B,C
30  END
```

Das alte Programm ist also vollständig verlorengegangen.

Leider hat es bei vielen BASIC-Versionen damit sein Bewenden. Wenn Sie Glück haben, kennt Ihr Rechner darüber hinaus die CHAIN-Anweisung. Diese erlaubt es Ihnen, Variablenwerte vom aufrufenden Programm in das neue hinüberzuretten, und erst dann wird die Sache ja wirklich interessant. Wie dies im Detail geht, schwankt von Rechner zu Rechner; ich stelle hier die Version des IBM-PC vor:

a) CHAIN "Name",,ALL:
Dabei werden alle Variablenwerte übergeben. Achten Sie darauf, daß wirklich 2 Kommata dastehen müssen! Wir haben somit:

```
10  A = 1 : B = 2 : C = 3
15  PRINT A,B,C
30  CHAIN "TEST",,ALL
40  END
RUN
 1       2       3
 1       2       2
```

Lediglich C hat also seinen Wert verändert; das wurde ja aber in Zeile 10 des neuen Programms auch ausdrücklich befohlen.

b) CHAIN "Name",20,ALL:
Wieder werden alle Speicherinhalte übergeben; anders als bisher wird nun aber das betreffende Programm erst ab der angegebenen Zeilennummer gestartet. Wir erhalten also zum Beispiel:

```
10  A = 1 : B = 2 : C = 3
15  PRINT A,B,C
```

```
30  CHAIN "TEST",20,ALL
40  END
RUN
 1        2        3
 1        2        3
```

Die Anweisung in Zeile 10 des Programms "TEST" kommt ja gerade nicht zur Geltung. Das heißt aber nicht, daß das Programm nicht komplett im Arbeitsspeicher steht:

```
LIST
10  C = 2
20  PRINT A,B,C
30  END
```

Das macht zwar im vorliegenden Fall keinen Sinn, kann aber im allgemeinen recht nützlich sein, z.B. wenn am Programmbeginn die Unterprogramme stehen.

c) COMMON

Manchmal will man nicht alle Speicherinhalte, sondern nur ganz spezielle Variablenwerte an das neue Programm übergeben. Dies erledigt man so, daß man in das aufrufende Programm eine Anweisung der Form

```
COMMON Var1,...,VarN
```

setzt. Dann werden genau die dort spezifizierten Variablen übermittelt. Beispiel:

```
 5  COMMON A,C
10  A = 1 : B = 2 : C = 3
15  PRINT A,B,C
30  CHAIN "TEST"
40  END
RUN
 1        2        3
 1        0        2
```

Wunschgemäß wurde B ja nicht übergeben, und der Wert von C wurde sofort geändert. Vergleichen Sie damit folgende Version:

```
 5  COMMON A,C
10  A = 1 : B = 2 : C = 3
15  PRINT A,B,C
30  CHAIN "TEST",20
40  END
RUN
 1        2        3
 1        0        3
```

Bemerkungen:

1) Ein Programm kann mehrere COMMON-Anweisungen enthalten. Jede Variable darf dabei aber nur einmal genannt werden. Übergeben wird stets der Wert, den ein Speicher bei Erreichen der CHAIN-Anweisung hat. Daher kann und sollte man aus Gründen der Übersichtlichkeit alle COMMON-Anweisungen an den Beginn des Programms stellen.
2) Sollen Felder übergeben werden, so geschieht dies wie folgt:
   ```
   COMMON D()
   ```
   Dabei spielt es keine Rolle, ob das betreffende Feld ein- oder zweidimensional ist.

d) Weitere Modifikationen:

Über den besprochenen Rahmen hinaus erlauben manche Rechner, daß das neue Programm mit dem aufrufenden "gemixt" werden kann. Dazu ist es möglich, zunächst Bereiche der beteiligten Programme zu löschen. Hier muß ich Sie auf Ihr Handbuch verweisen.

Nicht eingegangen werden kann und soll hier auf Detailfragen wie zum Beispiel, ob Dateien geöffnet bleiben, ob Funktionsnamen übergeben werden können, ob die Festlegung des Anfangsindex bei Feldern erhalten bleibt etc. Auch hier sollten Sie gegebenenfalls Ihr Handbuch konsultieren oder selbst Versuche anstellen.

D) Die eingebaute Uhr

Nicht alle, aber doch schon sehr viele Rechner besitzen eine eingebaute Uhr. Dies liegt daran, daß viele Hersteller als Taktgenerator zur Steuerung der Rechnerfunktionen dieselben Quarze verwenden, die bei Uhren benützt werden. In der Regel wird beim Hochfahren des Rechners die genaue Zeit abgefragt; darauf beziehen sich dann alle Zeitangaben.
Will man nun die (evtl. relative) Uhrzeit erfahren, so erreicht man dies durch Aufruf einer Standardfunktion der Art TIME$ oder TI$. Typisch wäre dann folgende Reaktion:

```
10 PRINT "Die genaue Zeit: ";TIME$
20 END
RUN
Die genaue Zeit: 12:29:10
```

Es ist also kurz vor halb eins.

Das folgende Programm verwendet den Rechner als Uhr; dies ist einer der wenigen Fälle, wo eine Endlosschleife angebracht erscheinen mag.

```
10  PRINT TIME$
20  GOTO 10
30  END
```

Als Reaktion sehen Sie am Bildschirm stets die laufende Uhrzeit eingeblendet; wenn Sie die Rechenzeit bezahlen müssen, ist dies ein teurer Spaß.

Ich könnte mir vorstellen, daß der eine oder andere jetzt denkt, das alles sei eine reine Spielerei. Tatsächlich kann man aber mit Hilfe der eingebauten Uhr erreichen, daß der Rechner die Programmausführung verzögert oder nach einer bestimmten Zeit abbricht. Der folgende Programmausschnitt hält das Programm für 10 Sekunden an, vielleicht, um Ihnen die Möglichkeit zu geben, den aktuellen Bildschirminhalt vor der weiteren Bearbeitung zur Kenntnis zu nehmen:

```
 .
715  REM *** Festhalten der Zeit vor der Verzögerung ***
720  X$ = RIGHT$(TIME$,2)
725  REM *** Darstellung der Sekunden als Zahl ***
730  X = VAL(X$)
735  REM *** Berücksichtigung des Falles, daß 10 Sek später ***
738  REM *** eine neue Minute angebrochen ist ***
740  IF X>=50 THEN X = X-60
745  REM *** Feststellung der aktuellen Zeit ***
750  Y = VAL(RIGHT$(TIME$,2))
760  IF Y< X+10 THEN 750
 .
```

Eine weitere Möglichkeit besteht darin, auszutesten, wieviel Zeit die Ausführung einer bestimmten Programmeinheit benötigt. Dies kann später für die Kalkulation der Arbeitszeit von Interesse sein. Sehen wir uns dazu ein konkretes Beispiel an:

```
10  PRINT TIME$
20  A = 0.1
30  FOR J = 1 TO 10000
40      B= SQR(A°3)
50      X = X+J*B
60  NEXT J
70  PRINT X
80  PRINT TIME$
90  END
RUN
14:18:08
 1581297
14:20:59
```

```
10  PRINT TIME$
20  A = 0.1
30  B = SQR(A°3)
40  FOR J = 1 TO 10000
50      X = X+J*B
60  NEXT J
70  PRINT X
80  PRINT TIME$
90  END
RUN
14:21:42
 1581297
14:22:25
```

Der Zeitunterschied ist also ganz erheblich; er geht zu Lasten der Tatsache, daß in der linken Version 999mal überflüssigerweise die Anweisung B = SQR(A°3) ausgeführt wurde.

Für eine genauere Untersuchung ist die Verwendung von TIME$ allerdings nicht anzuraten, da man ja nur eine Genauigkeit bis zu einer Sekunde erreicht. Sind die Anforderungen höher, so kann man auf die Funktion TIMER zurückgreifen. Diese mißt die seit dem Systemstart oder, falls zwischendurch ein neuer Tag angebrochen ist, die seit Mitternacht verstrichene Zeit in Sekunden. Bekanntlich hat ein Tag 86400 Sekunden; daher ist zu erwarten, daß im Rahmen der Rechnergenauigkeit auch Sekundenbruchteile angezeigt werden. Damit wollen wir einmal sehen, welche Operation schneller ist: die Durchführung von A*A oder die von A°2:

```
10  INPUT A
20  X = TIMER
30  FOR I=1 TO 100
40      X = A*A
50  NEXT I
60  PRINT TIMER - X
70  END
RUN
? 2.45
 1490.658
```

```
10  INPUT A
20  X = TIMER
30  FOR I = 1 TO 100
40      X = A°2
50  NEXT I
60  PRINT TIMER - X
70  END
RUN
? 2.45
 1540.076
```

Bemerkung:

1) Beim Commodore wird TIMER durch TI ersetzt. Allerdings ist das nicht das totale Analogon. Diese Standardfunktion zeigt nämlich die Zahl der seitdem verstrichenen 1/60 Sekunden an.
2) Bei Rechnern, bei denen RANDOMIZE mit einem Argument zu versehen ist, bietet sich die Kopplung an die Zeit an (etwa in der Form RANDOMIZE TIMER).

E) Programmunterbrechungen

Die meisten Rechner lassen es zu, ein Programm durch Betätigen einer geeigneten Taste wie BREAK oder einer Tastenkombination wie CTRL-C oder CTRL-BREAK anzuhalten. Daneben besteht die Möglichkeit, die Anweisung STOP ins Programm einzubauen. Diese wird oft verwendet, um zu verhindern, daß man vom Hauptprogramm aus ungewollt in die am Schluß befindlichen Unterprogramme hineinrutscht. Erreicht das Programm eine in Zeile ZO stehende STOP-Anweisung, so wird

```
BREAK IN ZO
```

ausgewiesen, und der Rechner stoppt.

Bemerkung:

Bei einigen BASIC-Versionen ist die Anweisung END bedeutungsgleich zu STOP, bei anderen darf (oder muß!) END am physikalischen Ende des Programms und nur dort stehen.

Von Interesse ist nun, daß BASIC die Möglichkeit bietet, die Ausführung von Programmen nach derartigen Unterbrechungen fortzusetzen. Dazu dienen Kommandos der Art CON, CONT oder CONTINUE.

Beispiel:

```
10  FOR I=1 TO 10
20      PRINT I
30      STOP
40  NEXT I
50  END
RUN
 1
BREAK IN 30
CONT
 2
BREAK IN 30
CONT
...
```

Die Stärke des CONT-Kommandos besteht darin, daß vor seiner Ausführung Speicherinhalte abgefragt und sogar verändert werden können. Dies zeigt das folgende kleine Demonstrationsprogramm:

```
10  A = 3 : B = 4
20  STOP
30  PRINT A + B
40  END
RUN
BREAK IN 20
?A;B
 3  4
CONT
 7
RUN
BREAK IN 20
A = 100
CONT
 104
```

Nimmt man dagegen eine Veränderung des Programmes vor, so ist die Wiederaufnahme des Programms unmöglich. Außerdem werden sämtliche

Speicherinhalte gelöscht. Sehen wir uns dies am oberen Beispiel an:

```
RUN
BREAK IN 20
30 PRINT A*B
? A;B
 0 0
CONT
CAN'T CONTINUE
```

Die Hauptanwendung dieser Technik dürfte im Austesten von Programmen liegen. Wenn ein Programm nicht sachgerecht arbeitet, kann man so verfolgen, wie lange alles wunschgemäß verläuft. Da nach einer Programmänderung alle Informationen verloren sind, sollte man sich vorher gründlich überlegen, ob man alle interessierenden Speicherinhalte bereits abgerufen hat. Schließlich sei noch darauf hingewiesen, daß das Kommando CONT in der Regel versagt, wenn das Programm abgestürzt ist.

Abschließend sei noch eine Feinheit erklärt: Wenn Sie das Programm unterbrochen haben, während der Rechner auf eine Eingabe wartet, so werden Sie nach Eingabe von CONT erneut dazu aufgefordert, diese vorzunehmen. Dieser Fall ist deswegen von Bedeutung, weil er in der Praxis häufig vorkommen dürfte.

Beispiel:

```
10 B = SQR(2)
20 INPUT "A = ",A
30 PRINT A+B
40 END
RUN
A =
BREAK IN 20
?B
 1.414214
CONT
A = 1
 2.414214
```

Übungsaufgaben:

2.56 Was ist an folgendem Programm nicht in Ordnung:

```
10 FOR I = 1 TO 10
20    PRINT F(I)
30 NEXT I
```

```
40 DEF FNF(X) = EXP(1-2*X)
50 END
```

Führen Sie die Berichtigung durch.

2.57 Überlegen Sie, welchen Ausdruck das folgende Programm liefert:

```
10 X=4: N=2
20 DEF FNF(X,Y) = X*Y-N
30 PRINT FNF(X,2)
40 N=N+2
50 PRINT FNF(X,Y)
60 PRINT FNF(2,1)
70 PRINT FNF(N,N)
80 PRINT X,Y,N
90 END
```

2.58 a) Schreiben Sie eine Funktionsdefinition für

$$f(x,y) = \sqrt{x^2 + y^2}.$$

b) Schreiben Sie ein Programm, das für beliebig einzugebende Werte X und Y die Berechnung von f(X,Y) durchführt.

2.59 Prüfen Sie die Geschwindigkeit Ihres Rechners, indem Sie ihn jeweils tausendmal die folgenden Rechnungen durchführen lassen:

a) 2+2 b) 2-2 c) 2*2 d) 2/2 e) 2↑2

Ändert sich etwas am Zeitbedarf, wenn Sie konsequent die 2 durch die Zahl 2.71828 bzw. abgesehen von e) durch 10000 ersetzen?

3. Stark rechnerabhängige Anweisungen

Die bisher vorgestellten Anweisungen bilden, sieht man einmal von den Anweisungen zur Bearbeitung von Dateien ab, das Grundgerüst der Sprache BASIC. Tatsächlich ist davon auszugehen, daß alle bis jetzt behandelten Befehle von geringen Modifikationen abgesehen auf allen Systemen realisiert sind. Sehr viele Benutzer werden den hierdurch abgesteckten Rahmen nie verlassen müssen. Andererseits gibt es BASIC-Versionen, die den bisherigen Vokabelschatz durch eine ganze Reihe von nützlichen Anweisungen ergänzen. In diesem Kapitel wollen wir kurz auf die wesentlichsten Erweiterungen eingehen. Außerdem besprechen wir die Anweisungen zur Datenspeicherung, die zwar auf jedem Rechner zur Verfügung stehen dürften, aber doch von Version zu Version sehr stark schwanken.
Halten Sie sich in diesem Kapitel stets vor Augen, daß die hier behandelten Optionen nicht auf jedem Rechner zur Verfügung stehen und daß selbst im Falle ihres Vorhandenseins mit starken anlagenspezifischen Modifikationen gerechnet werden muß. Ich werde von Fall zu Fall auf einige der wichtigsten Variationen hinweisen; die Programmbeispiele sind in BASICA abgefaßt, also auf dem IBM-PC lauffähig.

3.1 Benutzerformate

Wir haben im bisherigen Verlauf schon mehrfach gesehen, daß die Standardausgabe unseren Bedürfnissen nicht genügt bzw. daß dazu erst einige Tricks angewendet werden mußten. BASIC bietet dem Benutzer aber die Möglichkeit, von der Standardvorgabe abzuweichen und eigene Benutzerformate zu deklarieren. Leider verfügen einige sehr gängige BASIC-Versionen nicht über diese Möglichkeiten; im Falle seines Vorhandenseins bietet der hier besprochene Vokabelschatz dem Benutzer aber sehr große Vorteile.
Die Grundidee der formatierten Ausgabe besteht darin, daß der Programmierer eine Maske vorgeben kann, welche angibt, wie das Druckbild auszusehen hat. Dies machen Sie sich am besten an folgenden Beispielen klar:

```
10 INPUT A
20 PRINT USING "Sie haben ####.## eingegeben."; A
30 IF A<>0 THEN 10
40 END
```

```
RUN
? 8012.30
Sie haben 8012.30 eingegeben.
? 40.35
Sie haben   40.35 eingegeben.
? 12
Sie haben   12.00 eingegeben.
? 3.4
Sie haben    3.40 eingegeben.
? .4567
Sie haben    0.46 eingegeben.
? 4567.892
Sie haben 4567.89 eingegeben.
? 12345
Sie haben %12345 eingegeben.
? -3.2
Sie haben   -3.20 eingegeben.
? 2E+3
Sie haben 2000.00 eingegeben.
? 0
Sie haben    0.00 eingegeben.
```

Offenbar schreibt der Rechner also den hinter USING in Anführungszeichen stehenden Text mit Ausnahme der durch ####.## markierten Stellen. Dieses Muster hat die Funktion eines Platzhalters. Auf diese Position wird die in A stehende Zahl eingetragen. Dabei erfolgt die Ausgabe nach folgenden Grundsätzen:

1) Die Zahl wird auf so viele Stellen hinter dem Dezimalpunkt ausgegeben, wie angegeben ist. Erforderlichenfalls wird gerundet, oder es werden Nullen ergänzt.
2) Ist eine Zahl betragsmäßig kleiner als 1, so wird genau eine Null vor dem Dezimalpunkt ausgedruckt.
3) Bei negativen Zahlen steht das Vorzeichen unmittelbar vor der Zahl, bei positiven wird es weggelassen.
4) Hat die Zahl weniger Stellen vor dem Dezimalpunkt als durch die Maske vorgesehen ist, so wird sie rechtsbündig eingetragen, und davor erscheinen Leerstellen.
5) Hat die Zahl mehr Stellen vor dem Dezimalpunkt als durch die Maske vorgesehen ist, so kommt es zu einem Fehler. Manche Rechner drucken dann einfach das Format ####.## aus, andere drucken die Zahl mit vorangestelltem Prozentzeichen aus.

Natürlich können auch mehrere Zahlen gleichzeitig ausgedruckt werden:

```
10  INPUT NETTO
20  PRINT USING "####.##       ####.##";NETTO,NETTO*1.14
30  END
RUN
? 100
 100.00       114.00
```

Hat man mehrere Ausgabewerte, so werden sie also einfach durch Kommata getrennt; diese haben anders als bei der Standardausgabe aber keine Bedeutung mehr für die Formatierung; es ist ja gerade der Sinn der PRINT USING-Anweisung, dem Benutzer die Regelung der Ausgabe zu überlassen.

Eine Ausnahme hiervon bildet lediglich ein am Ende einer PRINT-USING-Anweisung stehendes Semikolon. Wie bisher wird dann die Schreibmarke hinter der letzten Ausgabe festgehalten:

```
10  INPUT A
20  PRINT USING "####      ####"; A,A*A;
30  PRINT USING "       ####"; A*A*A
40  END
RUN
? 5
   5          25         125
```

Hätte man das Semikolon in Zeile 20 dagegen weggelassen, so wäre folgende Ausgabe erfolgt:

```
RUN
   5          25
      125
```

Legt man Wert auf die Ausgabe des positiven Vorzeichens, so kann man dies dadurch bewirken, daß man vorn im Format ein Pluszeichen setzt:

```
10  INPUT A,B
20  PRINT USING "+####      +####";A,B
30  END
RUN
? -120,12
 -120        +12
```

Setzt man vorn im Format dagegen zwei Sternchen, so werden die nicht benötigten Vorkommastellen mit Sternen überschrieben. Die beiden Sterne spezifizieren auch die Positionen für zwei weitere Ziffern. Dies spielt zum Beispiel beim Scheckschutz eine Rolle.

```
10  INPUT A
20  PRINT USING "**####.##";A
30  END
```

```
RUN
? 13
****13.00
```

Schließlich kann man auch die Ausgabe von Zahlen in Gleitkommadarstellung erzwingen. Dazu verwendet man Pfeilsymbole:

```
10  INPUT A
20  IF A=0 THEN 50
30  PRINT USING "##.#### ↑↑↑↑";A
40  GOTO 10
50  END
RUN
? 24
24.0000E+00
? 1.3456
13.4560E-01
? 24E-4
24.0000E-04
? 0
```

Als nächstes befassen wir uns mit der "schönen" Ausgabe von Texten. Bei vielen Rechnern kann man dazu ebenfalls aus dem Symbol "#" aufgebaute Formate verwenden. Der betreffende Text wird dann zentriert in das durch das Format vorgegebene Schema eingetragen.

```
10  INPUT A$
20  PRINT USING "Gestern kam ######## zu Besuch.";A$
30  END
RUN
? Helmut
Gestern kam  Helmut  zu Besuch.
RUN
? Paul
Gestern kam   Paul   zu Besuch.
```

Mitunter wird das Format ######## auch durch die Schreibweise \   \ ersetzt. Die Länge des Ausgabebereichs ist gleich der Zahl der Leerzeichen plus 2 (von den Begrenzungsstrichen herrührend). Bei diesen Versionen erhält Zeile 20 also die Gestalt:

```
20  PRINT USING "Gestern kam \      \ zu Besuch.";A$
```

Allerdings erfolgt die Ausgabe dann linksbündig und nicht zentriert.

Die Wirkung der obigen Formate war nicht unbedingt befriedigend. Die auftretenden Lücken sind alles andere als schön. Bei einigen Rechnern ist es allerdings so, daß durch das Symbol "&" auch die Ausgabe von Texten beliebiger Länge ermöglicht wird. Das Zeichen & im Format wird durch den betreffenden String ersetzt:

```
10  INPUT A$
20  PRINT USING "Gestern kam & zu Besuch.";A$
30  END
RUN
? Helmut
Gestern kam Helmut zu Besuch.
RUN
? Paul
Gestern kam Paul zu Besuch.
```

Bevor ich sinnvolle Beispiele angebe, merke ich noch an, daß Benutzerformate natürlich nicht nur bei der Ausgabe am Bildschirm wirksam sind, sondern auch bei der Ausgabe auf eine Schreibmaschine. Wie dies genau vor sich geht, ist wiederum anlagenspezifisch; ich verweise in diesem Zusammenhang auf die auf S.73ff gemachten Ausführungen.

Beispiele:

1) Wir sind jetzt in der Lage, eine Rechnung in ansprechender Form ausdrucken zu lassen.

```
 10  INPUT "Ware:    ";WARE$
 20  IF WARE$ = "ZZZZ" THEN 90
 30  INPUT "Preis:  ";PREIS
 40  LPRINT USING "                              ";WARE$;
 50  LPRINT TAB(40);
 60  LPRINT USING "####.## DM";PREIS
 70  SUMME = SUMME + PREIS
 80  GOTO 10
 90  LPRINT "____________________________________________________"
100  LPRINT
110  LPRINT "Nettobetrag";TAB(39);
120  LPRINT USING "#####.## DM";SUMME
130  LPRINT "MWST";TAB(40);
140  LPRINT USING "####.## DM";SUMME*0.14
150  LPRINT "____________________________________________________"
160  LPRINT
170  LPRINT "Rechnungsbetrag:";TAB(39);
180  LPRINT USING "#####.## DM";SUMME*1.14
190  END
```

Läßt man das Programm laufen, so erscheint auf dem Bildschirm:

```
RUN
Ware:   3 Kugelschreiber
Preis:  4.20
```

```
    Ware:   1 Druckbleistift
    Preis:  10.50
    Ware:   Radiergummis
    Preis:  2
    Ware:   ZZZZ
Am Drucker wird ausgegeben:
    3 Kugelschreiber                     4.20 DM
    1 Druckbleistift                    10.50 DM
    Radiergummis                         2.00 DM
    ----------------------------------------------

    Nettobetrag                         16.70 DM
    MWST                                 2.34 DM
    ----------------------------------------------

    Endbetrag:                          19.04 DM
```

Natürlich könnte man das Programm noch in vielen Punkten verbessern; so könnte man zum Beispiel einen Rechnungskopf oder einen Text der Art "Bei Bezahlung innerhalb von 30 Tagen werden 2% Skonto gewährt" hinzufügen usw. Auf S.177ff stelle ich Ihnen eine Variante vor, bei der auf PRINT USING verzichtet wird.

2) Das folgende Programm gestattet uns eine schöne Ausgabe einer Tafel für das kleine und das große Einmaleins:

```
10 FOR I=1 TO 20
20    FOR K=1 TO 10
30       PRINT USING "###   ";I*K;
40    NEXT K
50    PRINT
60 NEXT I
70 END
RUN
  1    2    3    4    5    6    7    8    9   10
  2    4    6    8   10   12   14   16   18   20
  3    6    9   12   15   18   21   24   27   30
                    ...
```

Offenbar ist der Index I für die Zeilenzahl, der Index K dagegen für die Spaltenzahl verantwortlich. In Zeile 30 wird das Ausdrucken einer Zahl mit nachfolgenden Leerzeichen geregelt; das am Ende der Anweisung angesiedelte Semikolon hält die Schreibmarke fest. Um nun sicherzustellen, daß beim Übergang zum nächsten I-Wert auch tatsächlich ein Zeilenvorschub erfolgt, muß Zeile 50 ergänzt werden.

3) Auf S.72 hatten wir uns die Frage gestellt, wie man ein Polynom ohne Vorzeichenkonflikte ausgeben könnte. Hier stelle ich eine Lösung vor, die auf den Fall zugeschnitten ist, daß höchstens zwei Vor- und eine Nachkommastelle auftreten können:

```
10 INPUT "Gib die Koeffizienten beginnend bei x^2 ein:",A,B,C
 .
50 PRINT USING "Die Gleichung +#.# x^2 +#.# x +#.# = 0"
 .
```

Überzeugen Sie sich davon, daß diese Ergänzung das Gewünschte leistet.

Übungsaufgaben:

3.1 Welchen Ausdruck liefert folgendes Programm:

```
10 A$ = "Haus": B$ = "Schnecke": C = 21.45: D = .16
20 PRINT USING "& & &";A$,A$,B$
30 PRINT USING "+###.##  ###.##";C,D
40 PRINT USING " \            \###.#";A$,C;
50 PRINT USING " ###";D
```

3.2 Schreiben Sie ein Programm, das in optisch ansprechender Form eine Tabelle der ersten 20 Quadrat- und Kubikzahlen auf den Drucker ausgibt. Hier ein kleiner Ausschnitt zur Verdeutlichung der gewünschten Form:

```
 .      .      .
 9     81    729
10    100   1000
 .      .      .
```

3.3 Schreiben Sie ein Programm, das ein Polynom vom Grad kleiner gleich 6, dessen Koeffizienten maximal 2 Vor- und eine Nachkommastelle haben können, in der Form:

f(x) = ...

ausgibt. Die Ausgabe soll möglichst mit dem ersten von 0 verschiedenen Koeffizienten beginnen.

3.4 Schreiben Sie ein Programm, mit dessen Hilfe Sie eine einzulesende 3-3-Matrix, deren Elemente maximal 4 Vor- und 2 Nachkommastellen haben, in optisch ansprechender Form ausgeben können.

3.2 Programmgesteuerte Fehlerbehandlung

Ein gutes Programm sollte so eingerichtet sein, daß es bei vorhersehbaren Benutzer- oder sonstigen Fehlern nicht aussteigt, sondern Anleitungen zur programmgesteuerten Fehlerbehebung gibt. Für diesen Zweck gibt es in BASIC die Anweisung ON ERROR GOTO (bei manchen Rechnern auch ONERR GOTO). Sie wirkt sich so aus, daß der Rechner die Programmausführung beim Auftreten eines Fehlers zu der hinter GOTO stehenden Zeilennummer verzweigt. Die Rückkehr ins laufende Programm wird später durch eine der folgenden Vokabeln eingeleitet:

RESUME:

Hier wird die Zeile erneut ausgeführt, in der der Fehler aufgetreten ist. Dies ist die typische Reaktion auf Eingabefehler; außerdem kann auf diese Weise ein Fehler abgefangen werden, der dadurch entsteht, daß der Drucker nicht eingeschaltet oder eine Diskette vollgelaufen ist etc.

RESUME NEXT:

Hier wird die Programmausführung mit der Zeile fortgesetzt, die hinter der steht, in der der Fehler aufgetreten ist.

RESUME Zeilennummer:

Nach Beendigung der Fehlerbehandlungsroutine wird zu der angegebenen Zeilennummer zurückverzweigt. Dies ist zum Beispiel dann wünschenswert, wenn ein Eingabefehler erst nach Durchführung von einigen Anweisungen zu einem Fehler führt oder wenn infolge Papiermangels ein Text nur unvollständig gedruckt werden konnte etc. Beachten Sie, daß in vielen Fällen die Ursache des Fehlers nicht in der Zeile angesiedelt ist, in der er sich zum erstenmal ausgewirkt hat.

Bemerkungen:

1) Bei manchen BASIC-Versionen werden die oben genannten Vokabeln (in dieser Reihenfolge) durch RETRY, CONTINUE und RESUME ersetzt.
2) Manche Rechner erlauben das Verlassen der Fehlerbehandlungsroutine durch ein gewöhnliches GOTO; zum Teil ist das sogar die einzige Möglichkeit. Wieder andere reagieren dagegen mit einer Fehlermeldung. Dies hat im wesentlichen den Grund, Sie vor Fehlern zu bewahren, die aus einem versehentlichen Einmünden in eine Fehlerbehandlungsroutine resultieren.

Beispiele:

1) Sehen wir uns zunächst ein Programm an, das aus eingelesenen Werten die Quadratwurzel zieht; dabei ist zu beachten, daß die Ausdrücke unter der Wurzel nie negativ sein dürfen:

```
 10  ON ERROR GOTO 100
 20  INPUT A
 30  PRINT SQR(A)
 40  GOTO 200
100  ? "Der Ausdruck unter der Wurzel darf nicht negativ sein."
110  RESUME 20
200  END
RUN
? -16
Der Ausdruck unter der Wurzel darf nicht negativ sein.
? 16
 4
```

Vergessen Sie nicht den in Zeile 40 aufgeführten Sprung; andernfalls wird ja automatisch die Fehlerbehandlungsroutine angesteuert, und es kommt zu einer Fehlermeldung.

Zum selben Ergebnis wie unser obiges Programm führt:

```
 10  INPUT A
 20  ON ERROR GOTO 100
  .
110  RESUME 10
  .
```

Falsch dagegen wäre:

```
 10  INPUT A
 20  PRINT SQR(A)
 30  ON ERROR GOTO 100
  .
```

Hier tritt der Fehler ja eventuell ein, bevor der Rechner über das Vorhandensein einer Fehlerbehandlungsroutine informiert wird.

2) Als nächstes betrachten wir ein Programm, mit dem eine Namensliste ausgedruckt werden soll:

```
 10  ON ERROR GOTO 100
 20      INPUT A$
 30    IF A$ = "ZZZZ" THEN 200
 40      LPRINT A$
 50  GOTO 20
100  PRINT "Drucker einschalten oder Papier nachfüllen."
110  RESUME
200  END
```

Testen Sie das Programm, indem Sie es bei abgeschaltetem Drucker laufen lassen!

Das letzte Beispiel eignet sich auch zur Untersuchung der Frage, was passiert, wenn nach Durchlaufen der Fehlerroutine erneut ein Fehler auftritt. Lassen Sie dazu das Programm bei ausgeschaltetem Drucker starten, schalten nach der entsprechenden Rüge den Drucker ein und nach geraumer Zeit erneut aus. Was geschieht? Nun, offenbar tritt die Fehlerbehandlungsroutine erneut in Aktion und mahnt wiederum an, daß am Drucker etwas nicht in Ordnung sei. Ist die Fehlerbehandlungsroutine also erst einmal aktiviert, so bleibt sie weiter bestehen, wenn keine Gegenmaßnahmen eingeleitet werden.

Der soeben beschriebene Sachverhalt ist natürlich insbesondere bei langen Programmen nachteilig, wo ja die unterschiedlichsten Fehler auftreten können. Doch auch bereits ein recht kurzes Programm kann dies überzeugend demonstrieren:

```
 10  ON ERROR GOTO 100
 20  INPUT A
 30  A = SQR(A)
 35  LPRINT A
 40  GOTO 200
100  ? "Der Ausdruck unter der Wurzel darf nicht negativ sein."
110  GOTO 20
200  END
```

Lassen Sie dieses Programm nun bei abgeschaltetem Drucker mit einem positiven Wert für A laufen:

```
RUN
? 16
Der Ausdruck unter der Wurzel darf nicht negativ sein.
```

Wie Sie sehen, erscheint also eine völlig irreführende Fehlermeldung. Auslösender Faktor war ja nicht Zeile 30, sondern Zeile 35. Diesem Effekt kann auf verschiedene Weise begegnet werden:

A) Abschalten der Fehlerbehandlungsroutine

Ist der Programmteil, für den die Fehlerbehandlungsroutine geschrieben wurde, abgearbeitet worden, so können Sie die Wirkung von ON ERROR GOTO durch ein geeignetes Kommando wie etwa ON ERROR GOTO 0 oder POKE 216,0 aufheben. Hier muß ich Sie auf Ihr Handbuch verweisen; diese Variante steht auch nicht in jeder BASIC-Version zur Verfügung. In unserem Beispiel bietet sich also folgende Ergänzung an:

```
32  ON ERROR GOTO 0
```

Ist der Drucker dann nicht angeschaltet, so kommt es zur normalen Fehlerreaktion.

B) Einfügen einer neuen Fehlerbehandlungsroutine

Vielfach ist es aber so, daß die eine Fehlerbehandlungsroutine sinnvollerweise durch eine andere abgelöst wird. Durch erneute Eingabe einer ON ERROR GOTO-Anweisung wird erreicht, daß im Falle eines Fehlers nach der jetzt neu festgesetzten Zeilennummer verzweigt wird. Die alte Vorschrift ist aufgehoben. Auch diese Möglichkeit wollen wir für unser Beispiel ansehen:

```
 10 ON ERROR GOTO 100
 20 INPUT A
 30 A = SQR(A)
 32 ON ERROR GOTO 150
 35 LPRINT A
 40 GOTO 200
100 ? "Der Ausdruck unter der Wurzel darf nicht negativ sein."
110 RESUME 20
150 PRINT "Drucker einschalten oder Papier nachfüllen."
160 RESUME
200 END
```

Lassen Sie dieses Programm nun bei abgeschaltetem Drucker laufen:

```
RUN
? -16
Der Ausdruck unter der Wurzel darf nicht negativ sein.
? 16
Drucker einschalten oder Papier nachfüllen.
```

Schalten Sie nun den Drucker ein, so erfolgt dort folgende Ausgabe:

```
  4
```

C) Fallunterscheidungen bei der Fehlerbehandlung

Die meisten BASIC-Versionen bieten über das bisher Gesagte hinaus die Möglichkeit, die Art des aufgetretenen Fehlers und die Nummer der Zeile, in der er angetroffen wurde, abzufragen. Dies ist sehr systemspezifisch; hier sollen zwei gängige Versionen vorgestellt werden.

a) Abfrage durch Standardfunktionen

In diesem Fall wird die betreffende Information durch die Abfrage von zwei Standardfunktionen erhalten. Dabei liefern:

- ERR die Nummer des aufgetretenen Fehlers; das Handbuch informiert über die Bedeutung dieser Zahl.
- ERL die Nummer der Zeile, in der der Fehler aufgetreten ist. Natürlich kann die eigentliche Fehlerursache an einer ganz anderen Stelle angesiedelt sein; angezeigt wird, wo sich der Fehler ausgewirkt hat.

Wir erläutern die Handhabung von ERR und ERL an unserem Standardbeispiel; zu bemerken ist dazu, daß die Fehlernummer 27 für Papiermangel steht, während 57 auf einen abgeschalteten Drucker und 5 auf einen fehlerhaften Funktionsaufruf hinweisen.

```
 10 ON ERROR GOTO 100
 20 INPUT A
 30 A = SQR(A)
 35 LPRINT A
 40 GOTO 200
100 IF ERR ³ 5 THEN 130
110 ? "Der Ausdruck unter der Wurzel darf nicht negativ sein."
120 RESUME 20
130 IF ERR = 27 THEN PRINT "Papier nachfüllen.": RESUME
140 IF ERR = 57 THEN PRINT "Drucker einschalten.": RESUME
200 END
```

Sie sehen, daß eine Fehlerbehandlungsroutine auch auf verschiedene Weise, also je nach Sachlage mit RESUME oder RESUME Zeilennummer verlassen werden kann.

Ähnlich gelagert ist folgende Problemlösung:

```
 10 ON ERROR GOTO 100
 20 INPUT A
 30 A = SQR(A)
 35 LPRINT A
 40 GOTO 200
100 IF ERL ³ 30 THEN 130
110 ? "Der Ausdruck unter der Wurzel darf nicht negativ sein."
120 RESUME 20
130 ? "Drucker einschalten oder Papier nachfüllen."
140 RESUME
200 END
```

b) Abfragen von Speicherinhalten:
Hier werden Fehlerart und Nummer der fehlerhaften Zeile in gewisse Speicherplätze geschrieben, deren Inhalt abgefragt werden kann. Dazu dient die Funktion PEEK; PEEK(20) gibt den Inhalt von Speicher 20 aus. Diese Situation treffen wir zum Beispiel beim Apple an. Dort haben wir folgende Speicherbelegung:

222	enthält die Art des Fehlers
218/219	enthalten die Information über die Zeilennummer; diese berechnet sich gemäß PEEK(219)*256 + PEEK(218)

Die Zeile 100 im oberen Programm wäre also zu ersetzen durch:

```
100 IF PEEK(219)*256 + PEEK(218) ³ 30 THEN 130
```

Beachten Sie aber, daß in Applesoft auch noch weitere Modifikationen im Hinblick auf die Druckersteuerung notwendig sind. Ich verzichte auf die Angabe von weiteren Details.

Abschließend sei darauf hingewiesen, daß die Anweisungen zur Fehlerbehandlung über den unmittelbaren Aufhänger hinaus Verwendung finden können. Typische Beispiele sind etwa:

1) Sie können ein beim Einschalten des Rechners gestartetes Programm mit Hilfe von ON ERROR GOTO vor dem Auslisten schützen. Versuche, das Programm von außen anzuhalten, werden dann als Fehler angesehen und gemäß der Fehlerbehandlungsroutine abgearbeitet.
2) Gerade umgekehrt können Sie aber auch dafür sorgen, daß ein kontrollierter Abbruch erfolgt; stellen Sie sich vor, Sie werden beim Arbeiten am Rechner durch einen Telefonanruf gestört.
3) Defizite gewisser BASIC-Versionen lassen sich dadurch auffangen, daß man absichtlich einen Fehler in Kauf nimmt und diesen dann sachgerecht weiterverarbeitet (vgl. hierzu S.159).

Im Hinblick darauf, daß diese Anweisungen sehr anlagenspezifisch sind, verzichte ich auf die Stellung von Übungsaufgaben.

3.3 Das Arbeiten mit sequentiellen Dateien

Wir kommen nun zu dem zentralen Gebiet der Speicherung von Daten. Da jeder Rechner nur über einen begrenzten Arbeitsspeicher verfügt, ist es von größter Bedeutung, daß man die Möglichkeit hat, Daten und Programme auf externen Medien abzuspeichern. Sicher haben Sie auch bisher schon Ihnen wichtig erscheinende Programme ausgelagert. Hier geht es uns freilich um das Anlegen von Datensammlungen. Eine solche Datensammlung, die unter einem einheitlichen Namen auf einem externen Datenträger abgelegt ist, bezeichnet man dabei als Datei (file). Daten können nun auf ganz verschiedene Weise abgespeichert werden. Die eine Möglichkeit besteht darin, daß jedes Datum (oder genauer gesagt: jeder Datensatz, vgl. S.163) "individuell" angesprochen werden kann. In diesem Fall spricht man von einer Datei mit wahlfreiem Zugriff (random access). Das Gegenstück hierzu ist der Fall, daß die einzelnen Daten chronologisch der Eingabereihenfolge nach abgespeichert werden; diese Organisationsform nennt man sequentiell (sequential). Eine so organisierte Datei erlaubt den Zugriff auf Einzeldaten nur dadurch, daß man sie systematisch von vorne nach hinten absucht.
In diesem Abschnitt besprechen wir das Arbeiten mit sequentiellen Dateien, gehen dabei aber gleichzeitig auf einige Anweisungen ein, die auch für den Fall wahlfreien Zugriffs eine Rolle spielen. Der

nächste Paragraph gibt dann einen Einblick in das Arbeiten mit Random-Access-Dateien.
Leider sind alle diese Anweisungen stark rechnerabhängig. Ich bespreche daher hier nur die Verhältnisse für eine BASIC-Version, nämlich für die des IBM-PC, ausführlich und gebe am Schluß einige Hinweise zur Dateienbehandlung in Applesoft und beim Commodore. Diese unterscheiden sich zwar im Vokabular von dem hier Gesagten, nicht aber in der prinzipiellen Handhabung.

A) Eröffnen, Schließen, Löschen, Umbenennen
Bevor wir mit einer Datei arbeiten können, müssen wir dem Rechner einige Informationen geben. Dazu zählen:

das angesteuerte Speichermedium
der Dateiname
die Zugriffsart (Lesen oder Schreiben)

Die Übermittlung dieser Informationen bezeichnet man als das Eröffnen der Datei. Lassen Sie sich von diesem Begriff aber nicht zu der Annahme verleiten, es handle sich dabei notwendigerweise um das Neuanlegen einer Datei. Richtig ist vielmehr, daß dem Datentransfer mit einer beliebigen Datei immer zuerst deren Eröffnung vorausgehen muß. Folgende Anweisung ist dafür vorgesehen:

```
OPEN "Name" FOR Zugriffsart AS #Kanalnummer
```

Die einzelnen Größen haben dabei folgende Bedeutung:

1) Das Attribut "Name" steht für den Dateinamen. Welche Namen genau zulässig sind, entnehmen Sie am besten Ihrem Handbuch. Sicher gestattet sind Namen bestehend aus maximal 8 Buchstaben. Weiterhin ist es möglich, vor dem Namen das Laufwerk anzugeben, in welchem die gewünschte Diskette liegt.
2) Als Zugriffsarten kommen in Frage:
   OUTPUT für einen Schreibzugriff
   INPUT für einen Lesezugriff
   APPEND für das "Anhängen" von Information an eine Datei
3) Als Kanalnummer kann standardmäßig irgendeine der ganzen Zahlen von 1 bis 3 gewählt werden. Mit Hilfe der Kanalnummer kann markiert werden, worauf sich Schreib- und Lesebefehle beziehen. Bedenken Sie, daß parallel zu einer Ausgabe in eine Datei durchaus auch eine Ausgabe auf einen Drucker erfolgen kann. Außerdem können standardmäßig bis zu 3 Dateien gleichzeitig geöffnet sein.

Anzumerken ist dabei, daß alle diese Größen auch als Variablen vorliegen können. Typische Eröffnungsanweisungen wären somit:

```
OPEN "Kurs" FOR OUTPUT AS #1
OPEN V$ FOR APPEND AS #NR
OPEN "B:Kurs" FOR INPUT AS #2
```

Die letzte Anweisung regelt dabei die Ausgabe auf Laufwerk "B:".

Hat man die Arbeit mit einer Datei beendet, so sollte man sie wieder schließen; bedenken Sie, daß nicht beliebig viele Dateien gleichzeitig geöffnet sein können. Nach dem Schließen ist sie bis zu einer eventuellen Wiedereröffnung nicht mehr für den Rechner zugänglich. Die betreffende Anweisung lautet:

CLOSE #Kanalnummer

Nach ihrer Ausführung ist die über die angegebene Kanalnummer angesteuerte Datei geschlossen. Möglich ist auch die Anweisung

CLOSE

Diese schließt sämtliche noch offene Dateien.

Soll eine Datei gelöscht werden, so verwendet man

KILL "Name"

Die zu löschende Datei darf dabei nicht geöffnet sein. Mit der Anweisung KILL können Sie auch Programmdateien löschen; hierbei müssen Sie aber beachten, daß der Rechner Programmnamen mit der Endung ".BAS" versieht. Ein mit Hilfe von

SAVE "TEST"

abgespeichertes Programm muß demzufolge mit

KILL "TEST.BAS"

gelöscht werden.

Bemerkung:

Das außerhalb der Betriebsart BASIC wirkende Lösch-Kommando ERASE kann hier nicht verwendet werden.

Soll schließlich eine Datei einen anderen Namen erhalten, so zieht man die Anweisung

NAME "Alt" AS "Neu"

heran. Sie entspricht dem außerhalb von BASIC gültigen Kommando RENAME und erklärt sich wohl von selbst. Achten Sie lediglich wieder auf das Anhängen von ".BAS" an Programmnamen und darauf, daß der neue Name nicht bereits vergeben ist. Andernfalls kommt es zu einem Fehlerabbruch.

B) Neuanlegen einer Datei

Nach diesen Vorbemerkungen beschäftigen wir uns nun mit der Ersterfassung von Dateien. Die wichtigste Schreibanweisung lautet

WRITE #Kanalnummer, Liste von Ausdrücken

Sie setzt voraus, daß zuvor für die betreffende Kanalnummer eine Datei eröffnet wurde. Die Liste von Ausdrücken wird dann sequentiell in diese Datei eingetragen.

Beispiele:

1) Als erstes besprechen wir die Erfassung einer sequentiellen Datei "NAMEN", in welche die Nachnamen von irgendwelchen Personen eingetragen werden sollen. Zu beachten ist, daß eine etwa bestehende Datei gleichen Namens automatisch dabei gelöscht wird.

```
10  OPEN "NAMEN" FOR OUTPUT AS #1
20  INPUT "Name: ", N$
30  IF N$ = "ZZZZ" THEN 60
40  WRITE #1,N$
50  GOTO 20
60  CLOSE #1
70  END
RUN
Name: Cotta
Name: Stein
Name: Floer
Name: ZZZZ
```

Nach jeder Eingabe werden Sie bemerken, daß sich das Diskettenlaufwerk in Gang setzt; dies ist ein Zeichen dafür, daß ein Speichervorgang erfolgt.

2) Sollen gleichzeitig noch Vorname und Adresse erfaßt werden, so modifiziert man das Programm wie folgt:

```
10  OPEN "KARTEI" FOR OUTPUT AS #1
20  INPUT "Name:     ",N$
30  IF N$ = "ZZZZ" THEN 60
33  INPUT "Vorname: ",V$
36  INPUT "Straße:  ",S$
40  INPUT "Wohnort: ",O$
45  WRITE #1,N$,V$,S$,O$
.
.
```

Bemerkungen:

1) Zum Anlegen von sequentiellen Dateien stehen auch noch die Anweisungen PRINT # bzw. PRINT # USING zur Verfügung. Im Unterschied zu WRITE wird jede Eintragung so durchgeführt, wie sie auf dem Bildschirm erscheinen würde. Z.B. führen

```
PRINT #1,"Demo","Guck"
PRINT #1,"Demo";TAB(11);"Guck"
```

zum Abspeichern von

```
Demo    Guck
Demo      Guck
```

Zwischen Demo und Guck steht die entsprechende Zahl von Leerzeichen. Anders als bei der "analogen" WRITE-Anweisung können die

Eintragungen Demo und Guck nicht ohne weiteres getrennt werden. Der Block "Demo Guck" bildet in der Datei eine Einheit.

2) Bei manchen Computern gibt es nur die PRINT-Anweisung. Sie funktioniert dann im allgemeinen wie die hier beschriebene WRITE-Anweisung.

C) Der Lesezugriff

Als nächstes besprechen wir den Lesezugriff. Die entsprechende BASIC-Anweisung lautet

```
INPUT #Kanalnummer, Variablenliste
```

Zur Vermeidung eines Fehlers muß man dabei in der Lage sein zu erkennen, wann man am Dateiende angelangt ist. Dazu dient eine Funktion EOF(Kanalnummer), die normalerweise den Wert 0 hat, am Dateiende aber auf -1 gesetzt wird. Mit dieser Information ist das folgende Programm, mit dem die Datei NAMEN eingelesen wird, leicht zu verstehen:

```
10  OPEN "NAMEN" FOR INPUT AS #1
20  IF EOF(1) = -1 THEN 60
30  INPUT #1, N$
40  PRINT N$
50  GOTO 20
60  END
RUN
Cotta
Stein
Floer
```

Beachten Sie bitte, daß wir die Abfrage nach dem Dateiende bewußt an den Anfang gerückt haben; damit vermeiden wir auch dann eine Fehlermeldung (z.B.: INPUT PAST END), wenn die aufgerufene Datei leer sein sollte.

Das vorliegende Programm erlaubt uns aber nicht nur das Einlesen der Datei "NAMEN". Ebensogut können wir auch die Datei "KARTEI" damit behandeln, die die gesamten Adressen enthält. Dazu ist nur in Zeile 10 der Dateiname "NAMEN" in "KARTEI" umzuwandeln. Zu beanstanden wäre dann allenfalls die Optik. Bei sequentiellen Dateien ist die Art der Erfassung unerheblich; im Endeffekt reiht sich Datum an Datum.

Was wäre passiert, wenn wir in den Zeilen 10-30 die Kanalnummer 1 durch die Kanalnummer 2 ersetzt hätten? Versuchen Sie es! Sie werden sehen, daß sich keine Veränderung ergibt. In der Tat ist es völlig unerheblich, über welche Kanalnummer historisch die Erfassung stattgefunden hat. Es spielt ja schließlich auch keine Rolle, in welchem Laufwerk die Diskette bei der Erfassung einmal war.

Es stellt sich jetzt die Frage, was mit numerischen Daten geschieht. Hier herrscht völlige Freiheit. Es ist selbstverständlich, daß man sie als Texte erfassen und ausgeben oder als Zahlen erfassen und ausgeben kann. Man kann sie aber auch als Texte erfassen und als Zahlen einlesen, und auch der umgekehrte Vorgang ist möglich. Das folgende Demonstrationsprogramm mag dies verdeutlichen:

```
10 OPEN "DEMO" FOR OUTPUT AS #1
20 INPUT A$
30 WRITE #1, A$
40 CLOSE #1
50 OPEN "DEMO" FOR INPUT AS #1
60 INPUT #1,ZAHL
70 CLOSE #1
80 PRINT ZAHL+3
90 END
RUN
? 14
 17
```

D) Hinzufügen von Daten

Wir hatten gesehen, daß bei Anwendung der Zugriffsart OUTPUT eine etwa vorhandene Datei gleichen Namens zerstört wird. Oft möchte man aber Daten an eine bestehende Datei anhängen, und es wäre unangenehm, wenn man deswegen die ganze Datei neu erfassen müßte. Als Ausweg hierzu bietet es sich an, die Zugriffsart APPEND zu wählen. Diese wirkt sich so aus, daß die erste neue Eintragung hinter dem letzten bestehenden Datum erfolgt. Sie funktioniert im übrigen auch dann, wenn die eröffnete Datei bis dahin leer war.

Beispiel:

Wir wollen die Datei NAMEN um die Eintragung "Stief" erweitern:

```
10 OPEN "NAMEN" FOR APPEND AS #1
20 INPUT "Name: ", N$
30 IF N$ = "ZZZZ" THEN 60
40 WRITE #1,N$
50 GOTO 20
60 CLOSE #1
70 END
RUN
Name: Stief
Name: ZZZZ
```

E) Abändern von Eintragungen

Wir haben gesehen, daß die Erfassung und das Einlesen von sequentiellen Dateien recht einfach vonstatten geht. Ganz anders sieht die Sache allerdings aus, wenn man irgendwelche Daten abändern oder streichen will. In der Tat kann man Eintragungen ja nur am Anfang einer neuen oder am Ende einer bestehenden Datei vornehmen. Daher wird man einen der folgenden beiden Wege beschreiten müssen, die wir für unsere nur aus Namen bestehende Datei "NAMEN" vorstellen wollen. In beiden Fällen unterstellen wir, daß bereits Daten abgespeichert worden waren.

1) Die erste Möglichkeit besteht darin, daß man den gesamten Dateiinhalt in den Arbeitsspeicher einliest, die gewünschte Veränderung vornimmt und danach alles zurückschreibt.

```
 10 DIM B$(1000)
 20 INPUT "Was ist zu ändern? ",ALT$
 30 INPUT "Neueintragung:     ",NEU$
 40 I = 1
 50 OPEN "NAMEN" FOR INPUT AS #1
 60 IF EOF(1) = -1 THEN 110
 70    INPUT #1,B$(I)
 80    IF B$(I) = ALT$ THEN B$(I) = NEU$
 90    I=I+1
100 GOTO 60
110 CLOSE #1
120 OPEN "NAMEN" FOR OUTPUT AS #1
130 FOR J = 1 TO I-1
140    WRITE #1,B$(J)
150 NEXT J
160 CLOSE #1
```

Zwar löscht die Anweisung in Zeile 120 die alte Datei "NAMEN", aber da ihr gesamter Inhalt in den Arbeitsspeicher gerettet wurde, kann man sich dies erlauben.

2) Nachteilig am bisherigen Verfahren ist es insbesondere, daß man zunächst einmal das Feld B$ dimensionieren muß ohne den tatsächlichen Umfang der Datei zu kennen. Es kann sogar so sein, daß die Datei so groß ist, daß sie prinzipiell gar nicht in den Arbeitsspeicher des Rechners paßt. Hier kann man sich dadurch behelfen, daß man Datum für Datum einliest, prüft, ob eine Veränderung nötig ist, und danach eine Eintragung in eine zweite Datei vornimmt.

```
 10 INPUT "Was ist zu ändern? ",ALT$
 20 INPUT "Neueintragung:     ",NEU$
 30 OPEN "NAMEN" FOR INPUT AS #1
 40 OPEN "NEUNAMEN" FOR OUTPUT AS #2
```

```
 50  IF EOF(1) = -1 THEN 100
 60     INPUT #1,NAM$
 70     IF NAM$ = ALT$ THEN NAM$ = NEU$
 80     WRITE #2,NAM$
 90  GOTO 50
100  CLOSE #2
110  CLOSE #1
120  END
```

Danach kann man noch zur Wiederherstellung des Ausgangszustands die alte Datei löschen und der neuen Datei wieder den Namen "NAMEN" geben. Dies kann auf der Kommandoebene geschehen:

```
KILL "NAMEN"
NAME "NEUNAMEN" AS "NAMEN"
```

oder auch programmgesteuert, indem man nach Zeile 110 folgende Abänderung des Programms vornimmt:

```
 .
120  KILL "NAMEN"
130  NAME "NEUNAMEN" AS "NAMEN"
140  END
```

Schließlich sei darauf hingewiesen, daß Sie in ähnlicher Weise auch Daten in der Mitte hinzufügen oder streichen können.

Bemerkung:

Über den konkreten Anlaß hinaus sollten Sie sich einprägen, daß die meisten Rechner eine ganze Reihe von Kommandos wie zum Beispiel RUN auch programmgesteuert ausführen lassen. Informieren Sie sich darüber in Ihrem Handbuch.

Ich beschließe diesen Abschnitt mit einer Zusammenstellung einiger Varianten zu den oben besprochenen Datei-Anweisungen. Dazu stelle ich kurz Programme zum Erfassen, Ergänzen und Lesen der Datei "NAMEN" in Applesoft und für den Commodore vor:

1) Applesoft

In Applesoft werden Anweisungen, die periphere Geräte ansprechen, mit PRINT CHR$(4) eingeleitet (vgl. S.73). Die Festlegung der Zugriffsart erfolgt in einer gesonderten Anweisung. Von da an bezieht sich je nach Zugriffsart jede PRINT- bzw. INPUT-Anweisung auf die betreffende Datei; eine zusätzliche Kennzeichnung über eine Kanalnummer erfolgt nicht.

Erfassen:

```
10  A$ = CHR$(4)
20  PRINT A$;"OPEN NAMEN"
```

```
30 PRINT A$;"WRITE NAMEN"
40 INPUT "Name: "; N$
50 IF N$ = "ZZZZ" THEN 80
60 PRINT N$
70 GOTO 40
80 PRINT A$;"CLOSE"
90 END
```

Eine Ausgabe am Bildschirm ist nach Ausführung von Zeile 30 erst wieder möglich, nachdem die Datei geschlossen oder auf einen Lesezugriff umgestellt wurde.

Lesen:

```
10 A$ = CHR$(4)
20 PRINT A$;"OPEN NAMEN"
30 PRINT A$;"READ NAMEN"
40 INPUT N$
50 PRINT N$
60 GOTO 40
70 PRINT A$;"CLOSE"
80 END
```

Dieses Programm hat den Schönheitsfehler, mit einem Fehlerstop zu enden. Leider gibt es in Applesoft kein Analogon zu EOF. Als Ausweg bleiben hier nur die Verwendung von ONERR GOTO oder die Abspeicherung eines besonderen Abschlußdatums. Die zuerst genannte Maßnahme würde folgende Ergänzung erforderlich machen:

```
15 POKE 216,0: ONERR GOTO 70
```

Soll die Datei weiter verarbeitet werden, so empfiehlt sich zusätzlich der Einbau von

```
75 POKE 216,0
```

um die Fehlerbehandlung wieder außer Funktion zu setzen. (Noch eine kleine Anmerkung für aufmerksame Leser: in Applesoft braucht eine Fehlerroutine nicht mit RESUME zu enden.)

Hinzufügen:

```
10 A$ = CHR$(4)
20 PRINT A$;"APPEND NAMEN"
30 PRINT A$;"WRITE NAMEN"
40 INPUT "Name: "; N$
50 IF N$ = "ZZZZ" THEN 80
60 PRINT N$
70 GOTO 40
80 PRINT A$;"CLOSE"
90 END
```

Der Versuch, dieses Programm bei einer nicht existenten Datei anzuwenden, führt übrigens zu einem Fehlerabbruch. Anders als beim IBM-PC darf APPEND nur auf existente Dateien angewandt werden.

Löschen, Umbenennen:
Dies besorgen die Kommandos

```
DELETE Name
```

bzw.

```
RENAME Alt,Neu.
```

Bemerkungen:

1) Soll ein bestimmtes Laufwerk spezifiziert werden, so verfährt man wie folgt:
   ```
   PRINT CHR$(4);"OPEN NAMEN,D1"
   ```
   Ist dabei der Dateiname durch eine Variable V$ festgelegt, so ergibt sich:
   ```
   PRINT CHR$(4);"OPEN";V$;",D1"
   ```
   Entsprechend kann man sich weitere Kombinationen zurechtlegen.
2) Wird bei RENAME als neuer Name ein bereits existierender Name genannt, so wird die alte Eintragung anders als beim IBM-PC gelöscht.

2) Commodore:
Die Commodore-Anweisungen zur Datenspeicherung weisen größere Ähnlichkeiten zur Situation beim IBM-PC auf, als dies bei Applesoft der Fall war. Sehen wir uns die einzelnen Anweisungen der Reihe nach an:

Eröffnen und Schließen:
Hier lautet die betreffende Anweisung:

```
OPEN Kanal 1,Gerätenummer,Kanal 2,"Name",Zugriffsart
```

Die einzelnen Attribute haben dabei folgende Bedeutung:

1) Kanal 1 bzw. Kanal 2 sind Kanalnummern, die für den Rechner bzw. die Diskettenlaufwerke von Bedeutung sind. Kanal 1 muß zwischen 1 und 127 liegen, Kanal 2 zwischen 2 und 14. Konkrete Kanalnummern dürfen dabei jeweils nur einmal vergeben werden.
2) Die Gerätenummer ist für Diskettenlaufwerke stets 8; ansonsten konsultieren Sie am besten Ihr Handbuch.
3) Das Attribut "Name" bezieht sich wieder auf den Dateinamen; durch Voranstellen von 0: oder 1: kann zusätzlich das Laufwerk spezifiziert werden.
4) Die Zugriffsart wird wie folgt abgekürzt:
   W: Schreibzugriff
   L: Lesezugriff
   A: Anhängen

Die entsprechende Angabe kann auch fehlen; dann wird das Vorliegen eines Lesezugriffs unterstellt.

Wie üblich können derartige Informationen auch über Variable übergeben werden.

Beispiele:

```
OPEN 5,8,3,"KURS",W
OPEN N,8,M,"KURS"
OPEN 5,8,3,"1:KURS",A
```

Will man die Datei dann wieder schließen, so verwendet man

CLOSE Kanal 1

Nähere Spezifikationen sind nicht nötig.

Schreiben:

Hier läuft alles so ab wie beim IBM-PC; wir müssen lediglich WRITE durch PRINT ersetzen. Die maßgebliche Kanalnummer ist Kanal 1. Als Beispiel erfassen wir wieder unsere Datei "NAMEN":

```
10 OPEN 5,8,3, "NAMEN",W
20     INPUT "Name: "; N$
30   IF N$="ZZZZ" THEN 60
40     PRINT #5, N$
50 GOTO 20
60 CLOSE #5
70 END
```

Lesen:

Auch hier ist eine weitgehende Analogie zu verzeichnen. An die Stelle von EOF tritt nun die Größe ST ("Fehlerstatus"); ist ST ungleich 0, ist also ein Fehler aufgetreten, so verzweigt man ans Dateiende.

```
10 OPEN 5,8,4, "NAMEN",L
15 IF ST<>0 THEN 50
20     INPUT #5, N$
30     PRINT N$
40 GOTO 15
50 CLOSE #5
60 END
```

Hinzufügen:

```
10 OPEN 3,8,7, "NAMEN",A
20 INPUT "Name: ", N$
30 IF N$="ZZZZ" THEN 60
40 PRINT #3, N$
```

```
50  GOTO 20
60  CLOSE #3
70  END
```

Löschen und Umbenennen:
Hierzu zieht man die Anweisungen SCRATCH bzw. RENAME heran.

Übungsaufgaben:

3.5 Schreiben Sie ein Programm, das die Datei "KARTEI" in optisch befriedigender Form auf dem Drucker ausgibt.

3.6 Schreiben Sie ein Programm, mit dessen Hilfe eine einzelne Eintragung aus der Datei "NAMEN" gestrichen werden kann.

3.7 Schreiben Sie ein Programm, mit dessen Hilfe in der Datei "NAMEN" hinter einen vorgegebenen Namen eine Neueintragung vorgenommen werden soll.

3.8 a) Schreiben Sie ein Programm, mit dessen Hilfe die Datei "NAMEN" so erfaßt wird, daß die letzte Eintragung der sinnlose Name "ZZZZ" ist.
b) Schreiben Sie ohne Rückgriff auf EOF oder ON ERROR GOTO ein Programm zum Einlesen und Ausdrucken dieser Datei.
c) Schreiben Sie ein Programm, mit dessen Hilfe weitere Namen hinzugefügt werden können (achten Sie auf das Ende-Kennzeichen!).

3.9 Gegeben sei die Datei "NAMEN". Aus ihr soll eine neue Datei hergestellt werden, die vor jedem Namen als weiteres Datum seine laufende Nummer beinhaltet (also aus "Hans","Uli",... wird "1","Hans","2","Uli",...). Schreiben Sie das entsprechende Programm.

3.10 a) Schreiben Sie ein Programm, das eine Datei "NAME1" anlegt, die als Daten Namen und Vornamen von Personen enthält.
b) Schreiben Sie ein Programm, das lediglich die Nachnamen der in "NAME1" erfaßten Personen auf dem Drucker ausgibt.

3.11 Schreiben Sie ein Programm, das Dateien mit den Namen A,B,..., Z anlegt und in jede dieser Dateien als einzige Eintragung eine 0 hineinschreibt.

3.4 Dateien mit wahlfreiem Zugriff

Der Hauptnachteil der sequentiellen Dateien besteht darin, daß einzelne Daten nur dadurch zugänglich sind, daß man die gesamte Datei bis zu ihrer jeweiligen Position einliest. Etwaige Änderungen verursachen noch zusätzliche Komplikationen. Von diesen Schwierigkeiten kann man sich befreien, wenn man die Organisationsform wahlfreier Zugriff ("random access") wählt. Da hier die Variationsbreite zwischen den einzelnen BASIC-Arten noch größer ist als im sequentiellen Fall, beschränke ich mich auf die Erörterung der Verhältnisse beim IBM-PC.

Dort wird jede Eintragung in eine Datei mit wahlfreiem Zugriff durch eine bestimmte Nummer gekennzeichnet; durch die Angabe dieser Nummer kann sie angesprochen werden. Allerdings ist es so, daß jeder derartige Datensatz eine einheitliche Länge und eine einheitliche Einzel-Aufteilung besitzen muß. Dies wird am besten durch ein Beispiel klar:

Eine Datei "LISTE" enthält jeweils Namen, Vornamen und Telefonnummer von bestimmten Personen. Ein Datensatz soll aus allen Eintragungen zu einer Person bestehen. Man hat sich überlegt, daß Namen eine Höchstlänge von 20 Zeichen haben, während für Vornamen und Telefonnummern jeweils 13 Zeichen ausreichen. Die Datei könnte dann zum Beispiel folgende Struktur haben:

```
     12345678901234567890123456789012312345678901 23
1    Floer                Heidi        30663
2    Stief                Siegfried    0751/31448
3    Kaiser-Jungkunz      Karin        089/1620192
4
5    Dmochewitz           Gerhard      35538
```

Wie Sie sehen, können einzelne Positionen durchaus frei bleiben.

Beim Eröffnen der Datei muß nun dem Rechner der Aufbau der Datensätze mitgeteilt werden. Dies geschieht in 2 Etappen: im Rahmen der OPEN-Anweisung wird die Gesamtlänge eines Datensatzes fesgelegt, in der darauffolgenden FIELD-Anweisung wird die Einzelstruktur umrissen. Die Zugriffsart braucht dabei nicht spezifiziert zu werden, da man parallel lesen und schreiben kann. Die FIELD-Anweisung reserviert die nötigen Speicherplätze (im Datenpuffer). Danach erfolgt die Erfassung der Einzeldaten und - vermöge der Anweisung LSET - ihre Übertragung in den Puffer. Dabei werden rechts jeweils so viele Leerzeichen ergänzt, daß die in der FIELD-Anweisung festgesetzte Länge zustandekommt. Die Anweisung PUT schaufelt den so gebildeten Datensatz-Puffer schließlich auf die Diskette. Wir erhalten damit folgendes Erfassungsprogramm:

```
 10 OPEN "LISTE" AS #1 LEN=46
 20 FIELD #1, 20 AS NAM$,13 AS VOR$,13 AS TEL$
 30    INPUT "Satznummer:     ",CODE
 40  IF CODE = 0 THEN 110
 50    INPUT "Name:           ",N$
 60    INPUT "Vorname:        ",V$
 70    INPUT "Telefonnummer: ",T$
 80    LSET NAM$ = N$: LSET VOR$ = V$: LSET TEL$ = T$
 90    PUT #1,CODE
100 GOTO 30
110 CLOSE #1
120 END
RUN
Satznummer:    5
Name:          Dmochewitz
Vorname:       Gerhard
Telefonnummer: 35538
Satznummer:    1
Name:          Floer
Vorname:       Heidi
Telefonnummer: 30663
Satznummer:    0
```

Wir haben jetzt nur zwei Eintragungen vorgenommen. Nun sollen in einem neuen Programmlauf die Daten von Siegfried Stief abgespeichert werden. Das geht ganz einfach. Wir müssen nur dasselbe Programm noch einmal laufen lassen. Anders als bei der Organisationsform Sequential zerstört dies nicht die Gesamtheit der bisherigen Eintragungen, sondern nur den jeweils angesprochenen Datensatz.

```
RUN
Satznummer:    2
Name:          Stief
Vorname:       Siegfried
Telefonnummer: "0751/31448"
Satznummer:    1
Name:          Floer
Vorname:       Werner
Telefonnummer: 30663
Satznummer:    0
```

Um zu kontrollieren, was alles abgespeichert wurde, wollen wir nun den Inhalt der Datei LISTE ausdrucken lassen. Dazu sind im Prinzip dieselben Vorbereitungen durch die OPEN- und FIELD-Anweisungen nötig. Der eigentliche Lesevorgang geschieht dann mit Hilfe der GET-Anweisung, die einen Datensatz in den Puffer überträgt:

```
10  OPEN "LISTE" AS #1 LEN=46
20  FIELD #1, 20 AS N$, 13 AS V$, 13 AS T$
30  INPUT "Satznummer: ",CODE
40  IF CODE = 0 THEN 80
50  GET #1, CODE
60  LPRINT N$;" ";V$;" ";T$
70  GOTO 30
80  CLOSE #1
90  END
```

Am Bildschirm erscheint:

```
RUN
Satznummer: 1
Satznummer: 2
Satznummer: 4
Satznummer: 0
```

Am Drucker erscheint:

```
Floer                    Werner        30663
Stief                    Siegfried     0751/31448
.......................................
```

Bei nicht besetzten Datensätzen kann an Stelle der Punktserie auch ein anderer Ausdruck erfolgen.

Das letzte Programm gestattete die Ausgabe einzelner Datensätze. Interessiert man sich für den gesamten Datei-Inhalt, so kann man sich auf folgendes Programm stützen:

```
10  OPEN "LISTE" AS #1 LEN = 46
20  FIELD #1, 20 AS N$, 13 AS V$, 13 AS T$
30  IF EOF(1) = -1 THEN 70
40  GET #1
50  LPRINT N$;" ";V$;" ";T$
60  GOTO 30
70  CLOSE #1
80  END
RUN
```

Am Drucker erscheint:

```
Floer                    Werner        30663
Stief                    Siegfried     0751/31448
..........................................
..........................................
Dmochewitz               Gerhard       35538
```

Wie Sie sehen, beginnt der Drucker mit dem Code 1 und arbeitet sich dann systematisch an das Ende der Datei durch. In entsprechender Weise könnte auch ein Eingabeprogramm geschrieben werden. Wie Sie sehen, lassen sich also auch Dateien mit wahlfreiem Zugriff sequentiell verarbeiten.

Die eigentliche Stärke der Organisationsform Random Access besteht aber natürlich nicht darin, daß der Typus Sequential kopiert werden kann. Entscheidend sind vielmehr die Vorteile beim Abändern. Wie Sie bei Kenntnis der Satznummer vorgehen können, haben wir bereits besprochen; jetzt wenden wir uns dem Fall zu, daß die Satznummer unbekannt ist. Wir wollen dazu annehmen, bei einer in LISTE erfaßten Person habe sich die Telefonnummer geändert. Bekannt ist ihr Name, nicht aber der Code, unter dem sie abgespeichert ist. Ausgangspunkt für die Problemlösung ist das letzte Programm:

```
 10 INPUT "Name der betreffenden Person: ",NAM$
 20 INPUT "Neue Telefonnummer:           ",NEUT$
 30 OPEN "LISTE" AS #1 LEN = 46
 40 FIELD #1, 20 AS N$, 13 AS V$, 13 AS T$
 50 CODE = 1
 60 GET #1, CODE
 70 IF N$<>NAM$ THEN CODE = CODE+1:GOTO 60
 80 LSET N$=N$: LSET V$=V$: LSET T$=NEUT$
 90 PUT #1,CODE
100 CLOSE #1
110 END
```

Natürlich könnte man jetzt das Programm noch dahingehend ergänzen, daß man den Fall, daß die betreffende Person gar nicht registriert ist, mit berücksichtigt. Darauf zu verzichten, ist im Grunde genommen sogar leichtsinnig.

Kritisch ist die Situation bei der Übermittlung numerischer Daten. Da die Datensätze Texte sind, müssen numerische Größen vor bzw. nach der Abspeicherung in Strings konvertiert werden. Hierzu stehen spezielle Funktionen wie etwa MKD$, MKI$ oder MKS$ zur Verfügung; einfacher erscheint mir aber die Beschränkung auf Strings und das damit verbundene Hantieren mit STR$ bzw. VAL.

Übungsaufgaben:

3.12 Das letzte Programm arbeitet nicht sachgerecht, falls die Person, deren Telefonnummer geändert werden soll, gar nicht registriert ist. Ändern Sie es so ab, daß dieser Fall berücksichtigt wird.

3.13 Ein Kaufmann möchte sein Warenlager am Rechner erfassen. Ein einzelner Datensatz umfaßt 6 Zeichen für die Artikelnummer, 15 für die Bezeichnung, je 6 für den Einkaufs- und Verkaufspreis und 8 für das Einkaufsdatum. Schreiben Sie Programme für:

a) die Erfassung,

b) das Auslisten des Datenbestandes,

c) Korrekturmöglichkeiten bei Kenntnis der Artikelnummer,

d) Korrekturmöglichkeiten bei Kenntnis der Bezeichnung.

3.5 Abschließende Bemerkungen

Unser Überblick über die Möglichkeiten der Programmiersprache BASIC ist nun zu Ende. In den folgenden zwei Kapiteln sind nur noch einige Programmbeispiele und die Lösungen zu den Übungsaufgaben zusammengestellt. In diesem Paragraphen will ich Ihnen noch ein paar Hinweise auf weitere Möglichkeiten geben, über die Ihr Rechner verfügen könnte.

A) Erstellen von Graphiken
Fast jeder Rechner besitzt die Möglichkeit zur Erstellung von Graphiken. Leider ist es aber so, daß jede Anlage einen anderen Vokabelschatz besitzt. Das Spektrum reicht dabei von sehr anspruchsvollen Hilfsmitteln bis hin zu Computern, die mit Mühe und Not zwei Punkte durch eine gerade Linie verbinden können. Das ist auch der Grund, weshalb dieses Thema hier nicht berücksichtigt werden konnte; ich habe lange geschwankt. Suchen Sie in Ihrem Handbuch unter Vokabeln wie PLOT, WINDOW, VIEWPORT, DRAW etc.

B) Der Rechner als Musikinstrument
Einige Rechner bieten die Möglichkeit zur Erzeugung von Tönen mit verschiedenen Frequenzen, Lautstärken und Längen. Hier schlagen Sie am besten unter Vokabeln wie PLAY oder SOUND nach.

C) Sonderfunktionstasten
Einige Rechner besitzen programmierbare Sonderfunktionstasten. Der Rechner kann während der Programmausführung prüfen, ob eine derartige Taste gedrückt ist und wenn ja, welche, und sein weiteres Verhalten danach einrichten. Dies ist nützlich bei Spielen, aber auch zur Herbeiführung von gezielten Programmunterbrechungen. Stichworte hierzu sind etwa STRIG, KEY, PADDLE etc. Zum Teil ist das Funktionieren von derartigen Anweisungen aber auch an apparative Voraussetzungen wie etwa das Vorhandensein von "joy-sticks" geknüpft.

D) PEEK und POKE

Diese beiden Funktionen, mit deren Hilfe Speicher beschrieben bzw. Speicherinhalte abgefragt werden können, sind schon gelegentlich erwähnt worden (vgl. etwa S.150). Sie können ungeheuer nützlich sein. Typische Anwendungen hierfür sind:

Abfragen, welche Taste zuletzt gedrückt worden ist;

Festlegung von Bildschirmausschnitten für die Ausgabe;

Umschalten auf inverse Darstellung

usw.

Vor allem aber können mit ihrer Hilfe Programme in Maschinensprache geschrieben werden. In vielen Fällen werden Sie diese Funktionen in Programmlistings von gekaufter Software vorfinden (falls Sie diese überhaupt auslisten können). Programme in Maschinensprache erlauben nämlich eine weitaus bessere Ausnützung des Rechners und damit wesentlich höhere Verarbeitungsgeschwindigkeiten als BASIC. Darauf einzugehen sprengt aber bei weitem den Rahmen dieses Buches; diese Materie ist auch wesentlich schwerer als alles hier Dargebotene. Daher mag dieser Ausblick genügen.

4. Programmbeispiele

In diesem Kapitel habe ich eine Reihe von Beispielen aus verschiedenen Anwendungsgebieten zusamengestellt. Sie können daraus ersehen, daß Sie mit Ihrem jetzigen Wissensstand schon viele interessante Fragestellungen in Angriff nehmen können.

4.1 Ziehung der Lottozahlen

Wir wollen ein Programm schreiben, das für das klassische Spiel 6 aus 49 eine Ziehung der Lottozahlen durchführt. Natürlich werden wir uns dabei auf den Zufallsgenerator stützen. Es ist auch recht unproblematisch, 7 Zahlen (6 Gewinnzahlen + Zusatzzahl) zwischen 1 und 49 ermitteln zu lassen; problematisch ist nur, dafür zu sorgen, daß sie alle verschieden sind.

Um das sicherzustellen, gehen wir so vor, daß wir zuerst eine Zahl ziehen. Da gibt es noch kein Problem. Sodann ziehen wir eine zweite Zahl; ist diese gleich der ersten, so ist die Ziehung zu wiederholen, wenn nicht, ziehen wir die dritte Zahl. Ist diese gleich einer der beiden vorhergehenden, so muß so oft erneut gezogen werden, bis sich eine neue Zahl einstellt usw. Die letzte gezogene Zahl soll die Zusatzzahl sein. Diese Überlegungen führen zu folgendem Programm:

```
 10 RANDOMIZE TIMER
 20 B(1) = 1 + INT(49*RND)
 30 FOR I = 2 TO 7
 35    REM ****** Ermittlung der I-ten Zahl ******
 40       KANDIDAT = 1 + INT(49*RND)
 45       VORHANDEN$ = "Nein"
 50       FOR J = 1 TO I-1
 60          IF B(J) = KANDIDAT THEN VORHANDEN$ = "Ja"
 70       NEXT J
 80    IF VORHANDEN$ = "Ja" THEN 40
 90    B(I) = KANDIDAT
100 NEXT I
110 PRINT "Die gezogenen Zahlen lauten: "
120 FOR I = 1 TO 6
130    PRINT B(I);
140 NEXT I
160 PRINT "Zusatzzahl: ";B(7)
170 END
```

```
RUN
Die gezogenen Zahlen lauten:
 43  38  1  14  19  5
Zusatzzahl:  30
```

Bemerkungen:

1) In ganz entsprechender Weise läßt sich ein Programm für das Mittwochslotto 7 aus 38 gestalten.
2) Vielleicht wundern Sie sich darüber, daß die erste Ziehung außerhalb der FOR-NEXT-Schleife ab Zeile 30 durchgeführt wurde. Dies habe ich deswegen so eingerichtet, weil ich in Zeile 50 den sich für I=1 ergebenden Fall FOR I = 1 TO 0 vermeiden wollte, der nicht bei jedem Rechner gleich funktioniert.
3) Wer will, kann das Programm noch um ein Sortierprogramm erweitern, damit die Zahlen - natürlich abgesehen von der Zusatzzahl- in aufsteigender Reihenfolge ausgegeben werden.
4) Eine andere Ziehungsmöglichkeit, die dem tatsächlich verwendeten Verfahren eher entspricht, kann aus dem Verfahren des nächsten Paragraphen abgeleitet werden.

Ähnlich gelagertes Problem:

Verlosung von 5 Preisen unter 100 Personen

4.2 Auslosen von Startbahnen

An einem 100-Meter-Lauf beteiligen sich 8 Läufer. Wir wollen ein Programm schreiben, mit dessen Hilfe für diese Läufer die Startbahnen ermittelt werden. Wir stehen also vor der Aufgabe, die Zahlen von 1,...,8 in irgendeiner Reihenfolge auszugeben.
Dazu verwenden wir folgende Strategie: Wir ziehen zuerst eine beliebige Zahl. Diese streichen wir aus dem Vorrat von 1,...,8 und ziehen erneut, streichen danach wieder und ziehen ein drittes Mal usw. Das ist anschaulich klar, aber wie bringen wir das dem Rechner bei?
Dazu gibt es verschiedene Möglichkeiten; ich möchte Ihnen - ausnahmsweise - eine etwas trickreiche vorstellen. Versuchen Sie doch, eine naheliegendere Variante aufzuspüren. Die hier verwendete Idee besteht darin, aus den Zahlen von 1,...,8 ein Wort zu bilden:

"12345678"

Jetzt lasse ich den Zufallsgenerator eine Zahl zwischen 1 und 8 ziehen; das könnte beispielsweise die 6 sein. Dies interpretiere ich so, daß die an 6-ter Position stehende Zahl gezogen ist. Diese speichere ich ab und ziehe danach das Ausgangs-"Wort" zusammen:

"1234578"

Nun muß der Zufallsgenerator eine Zahl zwischen 1 und 7 ziehen, denn das neue Wort hat doch nur noch die Länge 7. Beachten Sie bitte, daß es nur auf die Wortlänge, nicht aber auf den Inhalt des Worts ankommt. Nun werde die 2 gezogen. An zweiter Stelle steht (zufällig) die 2. Diese speichern wir ab und verkürzen das Wort erneut:

"134578"

Zieht der Rechner als nächstes aus dem Vorrat von 1,...,6 die 6, so heißt dies, daß er die an 6-ter Stelle stehende 8 ermittelt hat usw. Ich hoffe, daß die Idee Ihnen nun klargeworden ist und formuliere das Programm:

```
 10 WORT$ = "12345678"
 20 FOR I = 1 TO 8
 30    Z = 1 + INT(LEN(WORT$)*RND)
 40    BAHN$(I) = MID$(WORT$,Z,1)
 50    WORT$ = LEFT$(WORT$,Z-1)+MID$(WORT$,Z+1)
 60 NEXT I
 70 PRINT "Bahnverteilung:"
 80 FOR I = 1 TO 8
 90    PRINT "Läufer";I;":    Bahn ";BAHN$(I)
100 NEXT I
110 END
RUN
Bahnverteilung:
Läufer 1 :    Bahn 6
Läufer 2 :    Bahn 2
Läufer 3 :    Bahn 8
Läufer 4 :    Bahn 1
Läufer 5 :    Bahn 4
Läufer 6 :    Bahn 5
Läufer 7 :    Bahn 3
Läufer 8 :    Bahn 7
```

Bemerkungen:

1) Diese Methode war deshalb besonders einfach, weil nur einstellige Zahlen beteiligt waren. Hat man es zum Beispiel mit bis zu zweistelligen Zahlen zu tun, so kann man sich durch künstliches Einfügen von Nullen und eine entsprechende Programmodifikation, die darauf achtet, daß jede Ziehung zwei Positionen betrifft, behelfen. Für die Zahlen von 1,...,12 bildet man also etwa das Wort

   "01020304...1112"

2) Die oben beschriebene Methode kann auch dann erfolgreich angewendet werden, wenn nur eine Teilziehung durchgeführt werden soll. Wenn man beispielsweise nur 4 Läufer auswählen möchte, so

braucht man nur die 8 in Zeile 20 durch eine 4 zu ersetzen. Auf diese Weise erhält man auch einen anderen Zugang zu der in 4.1 besprochenen Problemstellung.

4.3 Die Vermögensbildung eines ehemaligen Rauchers

Vor einiger Zeit fragte mich ein Student, welchen Betrag er nach Ablauf von 40 Jahren ansparen könnte, wenn er das bisher für Zigaretten ausgegebene Geld in Zukunft auf die Bank tragen würde. Bei näherem Befragen stellte sich heraus, daß er etwa 100 DM pro Monat für das Rauchen aufwendet. Wir wollen dieses Problem für verschiedene, aber für die gesamte Laufzeit feste Zinssätze untersuchen. Natürlich behandeln wir damit über den konkreten Aufhänger hinaus eine allgemeine Fragestellung zur Vermögensbildung.
Wir müssen zuerst einige Vorüberlegungen anstellen. Jeden Monat wird ein fester Betrag K zur Bank gebracht. Diese gewährt einen Jahreszins von p %. Auf einen einzelnen Monat entfällt also ein Zinssatz von p/12 %. Die neuangelegten Beträge werden demnach wie folgt verzinst:

```
Jan:    K*p/12*11
Feb:    K*p/12*10
Mrz:    K*p/12*9
 .        .
Dez:    K*p/12*0
```

Die so berechneten Zinsen dürfen aber erst am Jahresende dem Gesamtkapital zur weiteren Verzinsung gutgeschrieben werden. Nach Ablauf eines Jahres steht also folgendes Gesamtkapital zur Verfügung:

Kneu = Kalt + Zinsen für Kalt + Einlage + Zinsen für Einlage

Die letzten beiden Summanden sind dabei in jedem einzelnen Jahr gleich, können also vorab berechnet werden. Nun können wir das Programm in Angriff nehmen:

```
10  INPUT "Monatl. Rate: ",K
20  INPUT "Zinssatz:     ",P
25  P = P/100
30  INPUT "Laufzeit:     ",N
40  REM ****** Berechnung des jährlichen Zuwachses ******
50  FOR J = 11 TO 1 STEP -1
60     EINLAGEZINS = EINLAGEZINS + K*P/12*J
70  NEXT J
80  ZUWACHS = EINLAGEZINS + 12*K
```

```
 90 REM ****** Gesamtkapital ******
100 FOR I = 1 TO N
110     KAPITAL = KAPITAL + KAPITAL*P + ZUWACHS
120 NEXT I
130 PRINT KAPITAL
140 END
RUN
Monatl. Rate: 100
Zinssatz:     8
Laufzeit:     40
 322266.3
```

Das ist schon eine beeindruckende Zahl. Allerdings haben wir bei unserer Rechnung nicht den inflationsbedingten Geldwertverlust mitberücksichtigt. Realistischerweise würde man somit einen Zinssatz von circa 3% in Ansatz zu bringen haben. Macht man dies, so sind die Zahlen bei weitem nicht mehr so imposant:

```
RUN
Monatl. Rate: 100
Zinssatz:     3
Laufzeit:     40
 91725.63
```

Sie sehen, was für einen großen Einfluß der Zinssatz auf das Endkapital hat.

4.4 Nullstellenbestimmung

Das folgende Programm hat die Aufgabe, sämtliche reellen Nullstellen einer beliebigen, in Zeile 10 zu definierenden Funktion zu berechnen. Der Benutzer gibt ein, in welchem Bereich Nullstellen gesucht werden sollen. Beginnend mit der linken Grenze des so vereinbarten Intervalls werden nun mit einer frei wählbaren Schrittweite die Funktionswerte abgetastet. Jedesmal, wenn ein Vorzeichenwechsel erfolgt, wird dies registriert und die somit vorliegende Nullstelle wird ausgegeben. Dieses Verfahren ist zwar alles andere als subtil und schnell, bei den heutigen Rechenzeiten kann es aber ohne weiteres zumindest zu einer groben Lokalisation der Nullstellen verwendet werden.

Der Hauptnachteil des Verfahrens besteht darin, daß Nullstellen, die zugleich Hoch- oder Tiefpunkte der Funktion sind, nicht gefunden werden. Dann tritt ja gerade kein Vorzeichenwechsel bei der Funktion auf. Derselbe Effekt kann übrigens eintreten, wenn der Abstand zwischen zwei Nullstellen geringer als die gewählte Schrittweite ist:

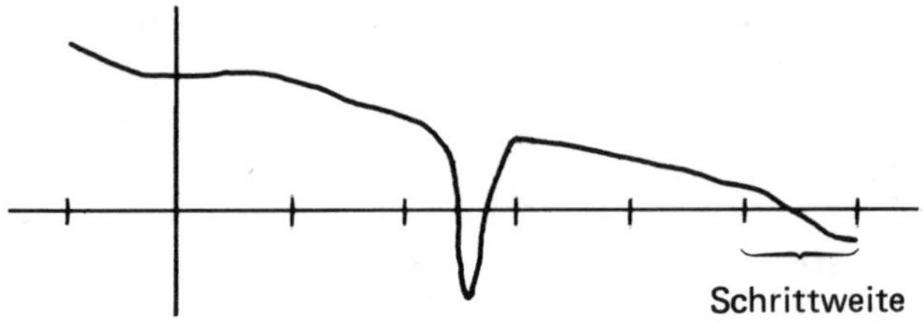

Nun kommen wir zum eigentlichen Programm. Als Beispiel betrachten wir $f(x) = x^3 - x^2 - 2x + 2$. Man rechnet leicht nach, daß diese Funktion die Nullstellen 1, $\sqrt{2}$ und $-\sqrt{2}$ hat; wir wollen uns aber auf folgendes Programm stützen:

```
10 DEF FNF(X) = X*X*X-X*X-2*X+2
20 INPUT "Linke Grenze:  ", XL
30 INPUT "Rechte Grenze: ", XR
40 INPUT "Schrittweite:  ", S
50 FOR X = XL TO XR-S STEP S
55    IF FNF(X)=0 THEN PRINT X
60    IF FNF(X)*FNF(X+S)< 0 THEN PRINT X
70 NEXT X
80 PRINT "Fertig."
90 END
```

In Zeile 60 werden die Funktionswerte an zwei aufeinanderfolgenden Stützstellen miteinander multipliziert, um so einen etwaigen Vorzeichenwechsel aufzuspüren. Der Fall, daß zufällig eine Nullstelle genau ermittelt wird, ist ja bereits in Zeile 55 abgehandelt. Die Tatsache, daß gleichzeitig X und X+S herangezogen werden, veranlaßt dazu, daß die Schleife in Zeile 50 nicht bis XR, sondern nur bis XR-S reicht. Es könnte ja sein, daß FNF bei XR+S gar nicht mehr definiert ist.

```
RUN
Linke Grenze:  -10
Rechte Grenze: 10
Schrittweite:  0.1
-1.5
 1
 1.4
Fertig.
```

Falls wir mit dieser Genauigkeit nicht zufrieden sind, verfeinern wir die Schrittweite. Wir wissen ja, daß alle Nullstellen zwischen dem jeweils ausgedruckten Wert und der nächsten Abtaststelle liegen.

```
RUN
Linke Grenze: 1.4
Rechte Grenze: 1.5
Schrittweite: 0.001
 1.414
Fertig.
```

Soll nun eine andere Funktion behandelt werden, so ist vor dem nächsten Programmstart die Zeile 10 entsprechend abzuändern.

4.5 Ausgleichsgeraden

Bei zahlreichen naturwissenschaftlichen Fragestellungen kommt es darauf an, durch eine Reihe von Meßwerten möglichst gut eine Gerade zu legen. Infolge von Meßungenauigkeiten wird es selten so sein, daß alle Meßpunkte genau auf einer Geraden zu liegen kommen. Daher wird man darauf angewiesen sein, eine Näherung durchzuführen. Gängig ist hierbei die Methode der kleinsten Fehlerquadrate, bei der von allen denkbaren Geraden diejenige bestimmt wird, für die die Summe der Abstandsquadrate der Punkte minimal ist. Bezeichnet man die Meßpunkte mit $(x_1,y_1),\ldots,(x_n,y_n)$ und hat die gesuchte Gerade die Gleichung $y = mx+c$, so führen wir folgende Abkürzungen ein:

$$[x] = x_1 + x_2 + \ldots + x$$
$$[y] = y_1 + y_2 + \ldots + y$$
$$[xy] = x_1 y + x_2 y_2 + \ldots + x_n y_n$$
$$[xx] = x_1 x_1 + x_2 x_2 + \ldots + x_n x_n$$
$$[yy] = y_1 y_1 + y_2 y_2 + \ldots + y_n y_n$$

Mit diesen Bezeichnungen gelten folgende Formeln:

$$m = \frac{n\,[xy] - [x]\,[y]}{n\,[xx] - [x]\,[x]} \qquad c = \frac{[y] - m\,[x]}{n}$$

Für die so gewonnene Gerade hat die Fehlerquadratsumme den Wert

$$F = [yy] - m[xy] - c[y]$$

Damit ergibt sich folgendes Programm:

```
10  REM **************** Eingabe der Meßwerte *****************
15  DIM X(500),Y(500)
20  PRINT "Geben Sie die Meßwerte ein. Abschluß durch X=-9999."
30  N = 1
35  REM Eingabeschleife
40     INPUT "X = ", X(N)
50    IF X(N) = -9999 THEN N=N-1: GOTO 90
```

```
 60     INPUT "Y = ", Y(N)
 70     N=N+1
 80  GOTO 35
 90  REM ************** Berechnung der Hilfsgrößen **************
 95  N = N-1
100  FOR I = 1 TO N
110     SX = SX + X(I)
120     SY = SY + Y(I)
130     SXY = SXY + X(I)*Y(I)
140     SXX = SXX + X(I)*X(I)
150     SYY = SYY + Y(I)*Y(I)
160  NEXT I
170  REM *********** Aufstellung der Geradengleichung ***********
180  M = (N*SXY - SX*SY)/(N*SXX - SX*SX)
190  C = (SY - M*SX)/N
200  PRINT "Geradengleichung: ";
210  PRINT "y =";M;"x +";C
220  REM ****************** Fehlerquadratsumme ******************
230  F = SYY - C*SY - M*SXY
240  PRINT "Fehlerquadratsumme: ";F
250  END
RUN
X = 5
Y = 34
X = 10
Y = 52
X = 15
Y = 66
X = 20
Y = 79
X = 25
Y = 97
X = 30
Y = 110
X = -9999
Geradengleichung: y = 3.017143 x + 20.2
Fehlerquadratsumme:  9.371094
```

Ist die Fehlerquadratsumme verglichen mit der Zahl der Meßwerte und der Absolutgröße der Meßpunkte groß, so sollte man der Ausgleichsgeraden sehr kritisch gegenüberstehen.

Bemerkung:

Funktioniert dieses Programm auf Ihrem Rechner? Probieren Sie es aus, denn es könnte schiefgehen. Ich hatte Sie ja darauf hingewiesen, daß manche Rechner nur die ersten beiden Zeichen zur Identifikation von Speichernamen heranziehen. Für diese Computer ist also SX dasselbe wie SXY und SXX, und dies führt zu einem Fehler. Hier müssen Sie sich dadurch behelfen, daß Sie andere Speichernamen einführen. Passen Sie darauf auf!

4.6 Erstellen einer Rechnung
(ohne Verwendung von PRINT-USING)

Wir haben uns im bisherigen Verlauf dieses Buches schon an verschiedenen Stellen damit beschäftigt, wie man eine Rechnung in ordentlicher Form ausgeben kann. Besonders komfortabel war hierbei das Programm auf S.143; leider setzte es voraus, daß der Rechner über die PRINT-USING-Anweisung verfügt, was beileibe keine Selbstverständlichkeit ist. Wir wollen daher hier auf diese Anweisung verzichten und das Problem noch einmal angehen. Neu wird dabei sein, daß wir nun auch noch den Dezimalpunkt durch das Dezimalkomma ersetzen; damit biete ich auch "PRINT-USING-Besitzern" etwas Neues.
Davon abgesehen stehen wir glücklicherweise nicht vor völligem Neuland. Wir können uns vielmehr auf die Programme der Seiten 104 und 123/4 stützen. Demzufolge ergibt sich:

```
 10 LPRINT CHR$(12)
 20 PRINT "Geben Sie die einzelnen Posten ein. Abbruch mit ZZZZ"
 25 REM ******************* Eingabeschleife *******************
 30     INPUT "Ware:  ", W$
 40   IF W$ = "ZZZZ" THEN 100
 50     LPRINT W$;
 60     INPUT "Preis: ", A
 65     NETTO = NETTO + A
 70     GOSUB 500: REM Schöne Ausgabe wird aus A hergestellt
 90 GOTO 30
100 GOSUB 400: REM Unterstreichen
110 A = NETTO
120 GOSUB 500
130 TARA = NETTO*0.14
140 A = TARA
150 GOSUB 500
160 GOSUB 400
170 A = NETTO + TARA
180 GOSUB 500
190 STOP
```

```
400 REM ******************* Unterstreichen *********************
402 LPRINT "__________________________________________________"
410 LPRINT
420 RETURN
500 REM ************** Formatierung der Ausgabe ****************
502 A = INT(100*A)
510 A$ = STR$(A)
512 A$ = MID$(A$,2)
513 IF A<10 THEN A$ = "0,0" + A$: GOTO 518
514 IF A<100 THEN A$ = "0," + A$: GOTO 518
516 A$ = LEFT$(A$,LEN(A$)-2) + "," + RIGHT$(A$,2)
518 A$ = A$ + " DM"
519 LPRINT TAB(50-LEN(A$));A$
520 RETURN
530 END
```

Dialog und Ausgabe entsprechen im wesentlichen den Angaben von S.143/44, daher verzichte ich hier auf eine ausdrückliche Wiedergabe.

Auch dieses Programm könnte natürlich durch Hinzufügen eines Rechnungskopfes und dergleichen verbessert werden; das soll aber Ihnen überlassen bleiben.

4.7 Erstellen von Serienbriefen

In diesem Abschnitt wollen wir ein Programm zum Schreiben von Serienbriefen betrachten. Serienbriefe können vielerlei Verwendung finden. Typische Beispiele hierfür sind: Rundschreiben eines Clubs, Werbesendungen, Weihnachtskarten, Bekanntmachungen der Stadtverwaltung usw. Kennzeichnend ist es, daß ein und derselbe Text in mehr oder weniger unveränderter Form an sehr viele Adressaten gerichtet ist. Vielfach löst man dieses Problem so, daß man einfach den gemeinsamen Text in der benötigten Stückzahl druckt und im nachhinein etwaige individuelle Angaben ergänzt. Dies ist insofern unschön, als man die nachträglichen Manipulationen oft leicht bemerken kann; außerdem bedeutet es einen vermehrten Aufwand. Dem kann durch den Einsatz eines Rechners leicht abgeholfen werden.
Die prinzipielle Vorgehensweise soll am Beispiel eines Versicherungsvertreters erläutert werden, der seinen Kundenstamm durch ein Rundschreiben von einer neuartigen Versicherungsform unterrichten will. Dazu möchte er folgenden Brief versenden:

Datum

Anrede

Ich freue mich, Ihnen mitteilen zu können, daß meine Gesellschaft Ihnen ein neues Angebot unterbreiten kann: die Versicherung gegen Verluste im Skatspiel. Die Prämie richtet sich nach der Einstufung in Schadensfreiheitsklassen. Sollte Ramsch gespielt werden, so kommt der doppelte Betrag in Ansatz. Rufen Sie mich an, wenn Sie daran interessiert sind.

Endfloskel
Unterschrift

Die Daten seiner Kunden hat der Vertreter in einer Kartei "KUNDEN" abgespeichert. Für jeden Kunden liegen folgende Eintragungen vor:

Name, Vorname, Straße, Ort, Kennzeichen

Das Kennzeichen besteht dabei aus zwei Ziffern; die erste regelt die Anrede, die zweite die Endfloskel. Es bedeuten:

1 Sehr geehrter Herr
2 Sehr geehrte Frau
3 Lieber Herr
4 Liebe Frau
5 Hochachtungsvoll
6 Mit vorzüglicher Hochachtung
7 Mit freundlichen Grüßen

Typisch wäre also folgende Eintragung:

Richter
Siegfried
Bollinger Str.9
7900 Ulm-Lehr
15

Damit werden die Anrede "Sehr geehrter Herr" und die Endfloskel "Hochachtungsvoll" festgelegt.

Das eigentliche Programm sieht nun so aus:

```
10 REM ********************* Vorbereitungen *********************
20 DATA "Sehr geehrter Herr ","Sehr geehrte Frau "
30 DATA "Lieber Herr ","Liebe  Frau ","Hochachtungsvoll"
40 DATA "Mit vorzüglicher Hochachtung"
50 DATA "Mit freundlichen Grüßen"
60 FOR I=1 TO 4
70    READ ANREDE$(I)
80 NEXT I
```

```
 90 FOR J=5 TO 7
100    READ SCHLUSS$(J)
110 NEXT J
115 INPUT "Datum: ", DAT$
120 REM *************** Durchgang durch die Kartei ***************
130 OPEN "KUNDEN" FOR INPUT AS #1
140 IF EOF(1) = -1 THEN 210
150    REM *** Einlesen der Einzeldaten ***
160    FOR I=1 TO 5
170       INPUT #1, N$(I)
180    NEXT I
190    GOSUB 300: REM Eigentlicher Brieftext
200 GOTO 140
210 CLOSE #1
220 STOP
300 REM ****************** Eigentlicher Brief *******************
310 LPRINT CHR$(12)
315 LPRINT:LPRINT:LPRINT:LPRINT:LPRINT:LPRINT:LPRINT
320 LPRINT TAB(53);DAT$
330 LPRINT
340 LPRINT ANREDE$(VAL(LEFT$(N$(5),1)));N$(1);"!"
350 LPRINT
360 LPRINT "Ich freue mich, Ihnen mitteilen zu können, ";
370 LPRINT "daß meine Gesell-"
380 LPRINT "schaft Ihnen ein neues Angebot unterbreiten kann: ";
390 LPRINT "die Versi-": LPRINT "cherung gegen Verluste im ";
400 LPRINT "Skatspiel. Die Prämie richtet sich": LPRINT "nach ";
410 LPRINT "der Einstufung in Schadensfreiheitsklassen. Sollte"
420 LPRINT "Ramsch gespielt werden, so kommt der doppelte ";
430 LPRINT "Betrag in An-": LPRINT "satz. Rufen Sie mich an, ";
440 LPRINT "wenn Sie daran interessiert sind."
450 LPRINT
460 LPRINT SCHLUSS$(VAL(RIGHT$(N$(5),1)))
470 RETURN
500 END
RUN
Datum: "26.08.84"
```

Am Drucker erscheint (die Leerzeilen am Anfang lasse ich weg; außerdem unterstelle ich, daß der erste Kunde in der Kartei Herr Richter ist):

26.08.84

Sehr geehrter Herr Richter!

Ich freue mich, Ihnen mitteilen zu können, daß meine Gesellschaft Ihnen ein neues Angebot unterbreiten kann: die Versicherung gegen Verluste im Skatspiel. Die Prämie richtet sich nach der Einstufung in Schadensfreiheitsklassen. Sollte Ramsch gespielt werden, so kommt der doppelte Betrag in Ansatz. Rufen Sie mich an, wenn Sie daran interessiert sind.

Hochachtungsvoll

Dann erfolgt ein Seitenvorschub, und der nächste Brief wird gedruckt.

Natürlich würde man in der Praxis auch gleich noch das Adressenfeld schreiben lassen. Ferner ist zu erwarten, daß mehr Daten für die einzelnen Kunden abgespeichert sind (etwa Alter, Kinderzahl, abgeschlossene Verträge etc.). Zumeist wird es auch so sein, daß mehrere Kunden-Dateien angelegt sind (vgl. 4.8). Hier ging es mir ja lediglich darum, Ihnen die prinzipielle Vorgehensweise zu schildern.

4.8 Anlegen einer umfangreichen Kartei

Wenn Sie bereits mit sequentiellen Dateien gearbeitet haben, so wissen Sie, daß die Verarbeitungszeit um so höher wird, je umfangreicher die Datei ist. Dies liegt daran, daß man ja stets die Datei von vorne her einlesen muß, wenn man an eine bestimmte Information herankommen will. Dateien können sehr umfangreich werden; beispielsweise kann die Kundenkartei eines Versicherungsvertreters ohne weiteres 2000 Eintragungen umfassen. Vielfach kann und will man sich diesen Zeitaufwand nicht leisten. Hier bietet sich als Abhilfe an, die Daten in mehreren Dateien abzulegen. Dies soll am Beispiel der Kundendatei aus 4.7 erläutert werden.
Unser Versicherungsvertreter hat sich überlegt, daß ungefähr 50 Dateien seinen Bedürfnissen entsprechen würden. Nun wäre natürlich nichts gewonnen, wenn man die Kundendaten unter chronologischen Gesichtspunkten auf die einzelnen Dateien verteilen würde; dann wäre man ja im Zweifelsfall wieder gezwungen, alles zu durchsuchen und hätte noch den Zusatzaufwand des mehrmaligen Öffnens und Schließens

der Einzeldateien zu ertragen. Günstiger ist es, wenn man die Zugehörigkeit eines Kunden zu einer bestimmten Datei aus seinem Namen ableiten kann. Dazu bietet sich an, von den ersten zwei, drei Buchstaben des Nachnamens auszugehen. Beispielsweise könnte man sämtliche Namen, deren erste zwei Buchstaben alphabetisch zwischen Aa einschließlich und Al ausschließlich liegen, in einer Datei namens Aa ablegen usw. Allerdings wäre man schlecht beraten, wenn man nun eine Einteilung der Art Aa, Al, Ba, Bl etc. vornehmen würde. Dies würde dazu führen, daß manche Dateien wie etwa Xa, Xl, Ya oder Qa so gut wie gar nicht belegt sind, während andere wie etwa Sa sehr viele Eintragungen aufweisen. Insofern ist es wesentlich natürlicher, sich zuerst daran zu orientieren, wie sich die Nachnamen statistisch gesehen über das Alphabet verteilen. Als Orientierungshilfe dafür bieten sich Telefonbücher oder Adreßbücher des konkreten Bezirkes an. Achten Sie darauf, daß auf Grund von Namenshäufungen eine vernünftige Einteilung große lokale Schwankungen aufweisen kann. Ich habe bei der von mir vorgenommenen Einteilung zum Teil auch längere Buchstabenkombinationen berücksichtigt, um insbesondere im Bereich Sch eine feinere Unterteilung vornehmen zu können.
Nun kommen wir zum eigentlichen Erfassungsprogramm; erinnern Sie sich daran, daß für jeden Kunden 5 Eintragungen vorgesehen waren.

```
 10 DATA Auf, Bau, Ben, Boe, Bre, Bus, Det, Eis, Far, For, Gas
 20 DATA Gla, Gra, Haa, Han, Hei, Hir, Hol, Ind, Kar, Kir, Koe
 30 DATA Kre, Lad, Leu, Lut, Mat, Men, Mic, Mue, Noa, Pfe, Pri
 40 DATA Rei, Rit, Sai, Schi, Schl, Schm, Scho, Schw, Spei, Sta
 50 DATA Ste, Tes, Udo, Wac, Weh, Wie, Wol, ZZZZ, "ßßß"
 60 PRINT "Machen Sie Ihre Eintragungen. Abschluß durch ZZZZ."
 70 REM ****** Eingabeschleife ******
 75    REM *** Erfassung ***
 80    INPUT "Name:     ", N$
 90  IF N$ = "ZZZZ" THEN 230
100    INPUT "Vorname: ", V$
110    INPUT "Straße:  ", S$
120    INPUT "Ort:     ", O$
130    INPUT "Kennz.:  ", K$
140    REM *** Auswahl der Datei ***
150    RESTORE
160    READ DATEI$
170    IF N$ < DATEI$ THEN 160
180    REM *** Eintragung ***
190    OPEN DATEI$ FOR APPEND AS #1
200    WRITE #1, N$,V$,S$,O$,K$
210    CLOSE #1
220 GOTO 80
230 END
```

Ich möchte die Zeilen 150 und 160 noch ein wenig näher erläutern. In 150 wird festgelegt, daß sich die nächste READ-Anweisung auf den ersten Text der DATA-Anweisung in Zeile 10 bezieht. Liegt der Nachname des Kunden im Alphabet vor "Auf", so erfolgt in 180ff die Eintragung; wenn nicht, wird als nächstes "Bau" eingelesen. Danach erfolgt erneut der Vergleich mit dem Namen. Dies geht so lange, bis der Kundenname alphabetisch vor der aktuellen Buchstabenkombination liegt. Aus Sicherheitsgründen wurde in der letzten DATA-Anweisung noch die Datei "ßßß" vorgesehen; diese fängt falsche Eintragungen auf (etwa wenn der Anfangsbuchstabe versehentlich klein geschrieben wurde; achten Sie auch auf die Anführungsstriche infolge des Sonderzeichens ß!). Im übrigen zeigt dieses Beispiel deutlich die Nützlichkeit der DATA/READ-Anweisung. Das sehen Sie spätestens dann, wenn Sie versuchen, das Problem ohne diese Anweisung zu lösen.

4.9 Ein einfaches Sortierprogramm

In diesem Abschnitt stelle ich Ihnen ein Programm zum Sortieren von eingelesenen Zahlen vor. Prinzipiell gibt es viele verschiedene Strategien zum Sortieren; wir wollen uns hier eine besonders einfache ansehen.

Ausgangspunkt unserer Überlegungen soll sein, daß die zu sortierenden Zahlen in den Speichern A(1),...,A(N) abgelegt sein sollen. Unsere Lösungsidee besteht nun darin, zuerst das Minimum dieser Zahlen zu bestimmen und in A(1) abzuspeichern, danach die kleinste der Zahlen A(2),...,A(N) zu ermitteln und nach A(2) zu bringen usw. Im Endeffekt stehen die Zahlen in aufsteigender Reihenfolge in den Speichern A(1),...,A(N).

Offenbar ist es also irgendwann nötig, das Minimum von A(I),...,A(N) aufzufinden und nach A(I) zu schaffen. Dies wollen wir vorab überlegen. Unsere Idee besteht darin, provisorisch A(I) als Minimum anzusehen und dann der Reihe nach A(I+1),...,A(N) mit A(I) zu vergleichen. Jedesmal, wenn eine Eintragung kleiner als der momentane Wert von A(I) ist, werden die entsprechenden Speicherinhalte vertauscht. Dies wäre der betreffende Programmteil (die Dimensionierung nehme ich vorweg):

```
 10  DIM A(500)
  .
100  FOR J=I+1 TO N
110      IF A(J)>=A(I) THEN 160
120          REM *** Es muß vertauscht werden ***
130          HILF = A(J)
```

```
140         A(J) = A(I)
150         A(I) = HILF
160      REM A(J) ist "versorgt"
170   NEXT J
```

Um diesen Programmteil zu testen, ergänzen wir die Eingabeschleife:

```
20  PRINT "Geben Sie die Zahlen ein. Abschluß durch -9999."
30  J=1
40  INPUT A(J)
50  IF A(J) = -9999 THEN 70
55  J=J+1
60  GOTO 40
70  N=J-1
80  I=1: REM Provisorium für Testzwecke
```

Nun lassen wir das Programm laufen:

```
RUN
Geben Sie die Zahlen ein. Abschluß durch -9999.
? 14
? -346
? 38
? 11.5
? -9999
```

Da eine ausdrückliche Ausgabeanweisung fehlt, fragen wir den Inhalt von A(I) direkt ab:

```
PRINT A(I)
 -346
```

Bemerkung:

Ich könnte mir vorstellen, daß sich manche von Ihnen über die Programmzeilen 130-150 wundern. Wäre die folgende Lösung nicht viel einfacher gewesen?

```
130  A(I) = A(J)
150  A(J) = A(I)
```

Dies ist ein Trugschluß. In Zeile 130 erhält A(I) doch den Wert von A(J), in Zeile 150 wird A(J) auf A(I) gesetzt. Der alte Wert von A(I) ist aber doch bereits verlorengegangen! Beide Speicher haben nun dieselbe Belegung, nämlich den alten Wert von A(J).

Bei manchen BASIC-Versionen werden Sie gar nicht vor dieses Dilemma gestellt. Dort gibt es die Anweisung SWAP, mit deren Hilfe Speicherinhalte vertauscht werden können.

Nun kommen wir zum eigentlichen Sortierprogramm. Sein Herzstück liegt bereits vor, wir müssen nur noch einige Ergänzungen anbringen. Ich verzichte hier auf die erneute Wiedergabe der Eingabeschleife:

```
   .
   .
 80 FOR I=1 TO N-1
100    FOR J=I+1 TO N
110       IF A(J)>=A(I) THEN 160
120          REM *** Es muß vertauscht werden ***
130          HILF = A(J)
140          A(J) = A(I)
150          A(I) = HILF
160       REM A(J) ist "versorgt"
170    NEXT J
180 NEXT I
190 REM ********************** Ausgabe ****************************
200 FOR I=1 TO N
210    PRINT A(I),
220 NEXT I
230 END
RUN
Geben Sie die Zahlen ein. Abschluß durch -9999.
? 14
? -346
? 38
? 11.5
? -9999
-346      11.5      14      38
```

In entsprechender Weise können Sie ein Sortierprogramm für Texte herstellen; Sie müssen lediglich überall an die Variablennamen ein Dollarzeichen anhängen. Die einzige Schwierigkeit, die dabei neu auftritt, besteht darin, daß die Umlaute ja als Sonderzeichen aufgefaßt werden. Demzufolge wird "Bär" hinter "Bodensee" rangieren. Diese Widrigkeit nehme ich an dieser Stelle allerdings in Kauf.

4.10 Ein Reaktionstest

Als nächstes wollen wir einen kleinen Reaktionstest veranstalten. Dieser soll so vor sich gehen, daß der Rechner ein einzelnes Zeichen auf dem Bildschirm ausgibt. Nun startet die Zeitmessung. Wenn der Benutzer dasselbe Zeichen gefolgt von RETURN eingibt, wird die Uhr angehalten und die verbrauchte Zeit angezeigt. Ist das Zeichen dagegen falsch, so ist die Eingabe zu wiederholen. Dieses Programm funktioniert natürlich nur dann, wenn der Rechner über eine einge-

baute Uhr verfügt. Ist dies nicht der Fall, können Sie sich durch die Verwendung einer geeigneten Zählschleife behelfen.
Unsere erste Aufgabe besteht darin, den Rechner zur zufälligen Ausgabe eines Zeichens zu veranlassen. Natürlich werden wir dabei mit dem Zufallsgenerator eine Zahl aus der ASCII-Tabelle auswählen lassen. Zweckmäßigerweise beschränken wir uns dabei auf die Zeichen mit den Codes 33 bis 122; die Miteinbeziehung von Steuerzeichen ist nicht sinnvoll.

```
  5 PRINT CHR$(12)
 10 PRINT "Geben Sie das vom Rechner angezeigte Zeichen gefolgt"
 20 PRINT "von RETURN ein."
 30 LOCATE 12,38
 40 X$ = CHR$(INT(33+90*RND))
 50 PRINT X$;"  ";
 55 ZEIT = TIMER
 60 INPUT "", A$
 70 IF A$<>X$ THEN LOCATE 12,41: ?"   ": LOCATE 12,41: GOTO 60
 80 ZEIT = TIMER - ZEIT
 90 LOCATE 18,24
100 PRINT "Sie haben";ZEIT;"Sekunden gebraucht."
110 END
```

Bemerkung:

Falls der Rechner über eine der Anweisungen GET oder INKEY$ verfügt, hätte man dieser den Vorzug gegeben. Damit spart man sich ja die Zeit für das Betätigen der RETURN-Taste.

5. Lösungen zu den Übungsaufgaben

Bevor ich hier Lösungen zu den Übungsaufgaben angebe, möchte ich noch zwei grundsätzliche Bemerkungen machen:

1) Versuchen Sie, nach Möglichkeit die Aufgaben selbst zu lösen. Es ist (auf diesem Niveau) wesentlich leichter, ein vorgegebenes Programm nachzuvollziehen als selbst ein Programm zu entwickeln.
2) Grundsätzlich gibt es für die meisten Aufgaben beliebig viele verschiedene Lösungsversionen. Die beste Kontrolle, ob eine von Ihnen gefundene Lösung richtig ist, haben Sie, wenn Sie sie an Ihrem Rechner austesten.
3) Da sich dieses Buch an Anfänger richtet, habe ich von vornherein auf besonders trickreiche Lösungsvorschläge verzichtet. Dennoch kann es für Sie von Interesse sein, Ihre Lösung jeweils mit der hier dargestellten zu vergleichen.

Lösungen zu Kapitel 1:

1.1 Ausgedruckt werden der Reihe nach:

```
3  4 -5
4        5  6
              -3
```

1.2	a) 1.234E7	b) 1.2305E1	c) 8.64E4
	d) 9.876543E8	e) -1.23E-6	f) 1.234568E4
1.3	a) 1234000000	b) 0.00023	c) 26.78
1.4	a) 20	b) -5	c) .015625
	d) 54	e) 1.666667	

1.5 a) (4-5)/(3*2) oder: (4-5)/3/2
b) (1+4*3)/(5+2*7) c) (4/5)↑2
d) (5-2*3.14)↑(1/4)

1.6 a) zulässig
b) unzulässig, da der Name das Sonderzeichen / enthält
c) zulässig
d) zulässig
e) zumeist unzulässig, da der Punkt im Normalfall als Sonderzeichen gilt

f) unzulässig, da am Anfang ein Buchstabe stehen muß
g) bei den meisten Rechnern unzulässig, da Ü als Sonderzeichen aufgefaßt wird

1.7 a) korrekt
b) unzulässig, denn links vom Gleichheitszeichen darf nur ein Speichername stehen; keinesfalls erfolgt so eine Zuweisung an den Speicher B
c) korrekt
d) unzulässig (siehe b))

1.8 Ich gebe die Speicherbelegung zeilenweise an:

X = 5	Y = 0	Z = 1
X = 5	Y = 4	Z = 1
X = 9	Y = 5	Z = 4
X = 4	Y = 13	Z = -5
X = -5	Y = -5	Z = 13

1.9 a) A↑2 + 2*A*B + B↑2
b) SQR((X1-Y1)↑2 + (X2-Y2)↑2)
c) A*SIN(W*T+PHI)
d) A11*X1 + A12*X2
e) 2↑(-X↑2)

1.10 a) korrekt
b) falsch; ein Dollarzeichen ist zuviel
c) in der Regel falsch, da Ü ein Sonderzeichen ist
d) falsch, denn Namen müssen mit einem Buchstaben beginnen
e) falsch, denn dies ist eine numerische Variable

1.11 a) korrekt
b) korrekt
c) korrekt
d) falsch, denn A ist eine numerische Variable, zu der man keinen String addieren kann
e) korrekt; beide Seiten sind vom Typ "numerisch"

1.12 Ausgedruckt werden:

```
1234    2341234234
51234
```

Lösungen zu Kapitel 2:

2.1 Ich erläutere das Ergebnis, indem ich zeilenweise die Speicherbelegung angebe:

```
X = 2    Y = 3
X = 4    Y = 3
X = 4    Y = 2
```

Ausgedruckt wird also:

```
  4    2
```

2.2

```
 5 PRINT "Gib die Koeffizienten beginnend bei x↑2 ein:"
10 INPUT "", A,B,C
 .

10 INPUT "Nettobetrag: ", NETTO
 .

10 INPUT "Abnahmemenge in g: ", A
 .
```

2.3

```
10 INPUT "Spannung:    ", U
20 INPUT "Stromstärke: ", I
30 PRINT "Widerstand: "; U/I
40 END
```

Beachten Sie bitte, daß in Zeile 30 ein Leerzeichen durch PRINT erzeugt wird.

2.4

```
10 PRINT "Gib die 3 Noten ein:"
20 INPUT N1,N2,N3
30 DURCHSCHNITT = (N1+N2+N3)/3
40 PRINT "Durchschnitt:";DURCHSCHNITT
50 END
```

2.5

```
10 INPUT "Dollarkurs:    ", KURS
20 INPUT "Dollarbetrag: ", DOLLAR
30 PRINT DOLLAR*KURS
40 END
```

2.6

```
10 INPUT "Gib eine Zahl ein: ", Z
20 PRINT Z,Z*Z,Z*Z*Z
30 END
```

2.7 a) korrekt; es darf ruhig eine Gleitkommazahl sein

b) falsch; dies ist keine Zahl, sondern ein numerischer Ausdruck

c) falsch; "26" ist ein Text, A eine numerische Variable

d) Hier ist verschiedenes denkbar:

A) Der Rechner weist A den Wert 50 zu und schreibt EXTRA IGNORED

B) Der Rechner verlangt die Wiederholung der Eingabe

Keinesfalls aber weist er A den Wert 50,34 zu, denn das Komma ist für ihn ein Trennzeichen; erforderlich wäre gegebenenfalls ein Dezimalpunkt.

2.8 a) korrekt; 25 und 36 werden automatisch als Texte aufgefaßt

b) Hier sind wieder zwei Reaktionen denkbar:

A) A$ wird der Wert "25,36,47" zugewiesen; danach werden weitere Eingaben verlangt:

B) Der Rechner nimmt überhaupt keine Wertzuweisung vor und verlangt die Wiederholung der gesamten Eingabe.

Da das Komma innerhalb der Anführungsstriche steht, ist es kein Trennzeichen. Deshalb werden danach weitere Eingaben verlangt.

c) falsch, denn Maus ist keine Zahl

d) korrekt

e) Wird das Leerzeichen als Trennzeichen aufgefaßt, so ist die Eingabe korrekt; wenn nicht, so ist die Eingabe unvollständig.

f) korrekt

g) Eventuell falsch, wenn ü als Sonderzeichen aufgefaßt wird.

2.9 Ich biete 2 Varianten an:

A)
```
.
45 READ D1,D2,D3
50 READ N$
```
Hier werden also in Zeile 45 die zunächst uninteressanten Zahlen aus Zeile 20 überlesen.

B)
```
.
45 RESTORE 30
50 READ N$
```
Das wird freilich nicht jeder Rechner können.

2.10 a) wahr, da "B" < "N"

b) falsch, da " " < "K"

c) falsch, denn der linke String ist länger

d) falsch, denn ä ist als Sonderzeichen hinter u eingeordnet!

e) falsch, denn "2" > "1", und allein das ist entscheidend

f) wahr, da hier Zahlen verglichen werden

2.11 a) falsch; zwar sind die ersten beiden Vergleiche richtig, aber der dritte ist falsch, und das läßt sich nicht kompensieren.

b) wahr; es genügt, daß der erste Vergleich zutrifft

c) wahr; es ist kein Entweder-Oder.

2.12 a) Zwar wird in Zeile 20 abgefragt, ob der spätere Nenner 0 wird; nichtsdestotrotz wird Zeile 30 nicht übersprungen, und es kommt zu einem Fehler.

b) In der INPUT-Anweisung von Zeile 40 steht eine numerische Variable, obwohl als Antwort "Ja" oder "Nein" zu erwarten ist.

c) Das Trennzeichen in Zeile 40 darf in der Regel kein Doppelpunkt sein.

d) In Zeile 50 wirkt sich der in b) wetterleuchtende Fehler endgültig aus, weil die numerische Variable C mit dem String "Ja" verglichen wird.

Berichtigung:

```
10  INPUT A,B
20  IF B=0 THEN ? "Nenner darf nicht 0 sein.": GOTO 40
30  ? A/B
40  INPUT "Weiter? ", C$
50  IF C$<>"Ja" THEN 60
55  GOTO 10
60  END
```

2.13 a)

```
10  INPUT "Geben Sie die drei Zahlen ein: ", A,B,C
20  MAXI = A
30  IF B > A THEN MAXI = B
40  IF C > MAXI THEN MAXI = C
50  ? MAXI
60  END
```

b)

```
10  INPUT "Geben Sie drei Strings ein: ", A$,B$,C$
20  MAXI$ = A$
30  IF B$ > A$ THEN MAXI$ = B$
40  IF C$ > MAXI$ THEN MAXI$ = C$
50  ? MAXI$
60  END
```

Wieder besteht also völlige Analogie zwischen dem Vorgehen bei Zahlen und dem bei Strings.

2.14 a)

```
10  INPUT "Bruttobetrag: ", BRUTTO
20  IF BRUTTO = 0 THEN 50
30  PRINT "Nettobetrag: ";BRUTTO/1.14
```

```
40 GOTO 10
50 END
```

b)
```
 5 STEUER = 1.14
10 INPUT "Bruttobetrag: ", BRUTTO
20 IF BRUTTO = 0 THEN 50
22 INPUT "Voller Satz: ", C$
24 IF C$<>"Ja" THEN STEUER = 1.07
30 PRINT "Nettobetrag: ";BRUTTO/STEUER
40 GOTO 5
50 END
```

2.15
```
10 ? "Gib die drei Seiten beginnend mit der kleinsten ein:"
20 INPUT "A = ", A
30 INPUT "B = ", B
40 INPUT "C = ", C
50 IF C*C = A*A+B*B THEN ? "Es ist rechtwinklig.": GOTO 70
60 ? "Es ist nicht rechtwinklig."
70 END
```

Testen Sie dieses Programm mit den Werten 3, 4 und 5. Gibt Ihr Rechner aus, daß es sich um ein rechtwinkliges Dreieck handelt? Selbst wenn dies der Fall ist, dürfte es besser sein, die absolute Gleichheitsforderung in Zeile 50 durch

```
IF ABS(C*C-A*A-B*B) > .001
```

zu ersetzen. Schließlich muß man abgesehen von Rundungsfehlern immer auch mit Meßungenauigkeiten rechnen. Ein dadurch fälschlicherweise als rechtwinklig ausgewiesenens Dreieck hat ja dann auch tatsächlich einen nahezu rechten Winkel; für praktische Zwecke kann dieser Fehler wohl vernachlässigt werden.

2.16 Man erhält:

```
Barney Geröllheimer    Fred Feuerstein


3 ist größer als 4.
 3 ist größer als 4 .
 4       5   Demo
```

2.17 Man erhält:

```
Da stehen die Zahlen 250 und-3
A+B =  247
 250 *-3 = -750
A/B =-83.33333
```

2.18 Die notwendigen Ergänzungen lauten:

```
41  ? "Das Polynom mit den Koeffizienten"
42  ? "     A = ";A
43  ? "     B = ";B
44  ? "     C = ";C
45  ? "hat die Nullstellen"
46  ? "     X = ";X1;TAB(22);"und"
47  ? "     Y = ";X2
48  END
```

2.19 a)

```
10  ? TAB(6);"Kurt Beispiel"
20  ? TAB(6);"Hauptstr. 26"
30  ? "7900 Ulm"
40  END
```

b)

```
10  ?"18 20 22 23 24 27 ..."
20  END
```

Beachten Sie bitte, daß folgende Lösung wegen der flankierenden Leerzeichen nicht funktioniert.

```
10  ? 18,20,22,23,24,27,"..."
```

•

2.20 Es genügt, Beispiel a) zu behandeln:

```
10  LPRINT TAB(6);"Kurt Beispiel"
20  LPRINT TAB(6);"Hauptstr. 26"
30  LPRINT "7900 Ulm"
40  END
```

oder eine andere anlagenspezifische Version.

2.21 a)

```
10  INPUT "N = ", N
20  FOR I = 1 TO N
30      SUMME = SUMME + 1/(I*I)
40  NEXT I
50  PRINT SUMME
60  END
```

b)

```
 5  PRODUKT = 1
10  FOR I = 1 TO 2 STEP 0.1
20      PRODUKT = PRODUKT * SQR(I)
30  NEXT I
40  PRINT PRODUKT
50  END
```

c)
```
 5 PRODUKT = 1
10 FOR I = 1 TO 2 STEP 0.1
20    PRODUKT = PRODUKT * I↑(2-I)
30 NEXT I
40 PRINT PRODUKT
50 END
```

2.22 a)
```
10 FOR I = 1 TO 3 STEP 0.1
20    PRINT I, LOG(I)
30 NEXT I
40 END
```

b)
```
 5 INPUT "A = ", A
 7 INPUT "B = ", B
 8 INPUT "Schrittweite: ", S
10 FOR I = A TO B STEP S
 .
 .
```

2.23
```
10 FOR PROZ = 5 TO 10 STEP 0.5
20    PRINT PROZ, 10000*(1+PROZ/100)↑10
30 NEXT PROZ
40 END
```

2.24
```
10 FOR I = 1 TO 24
15    FOR J=1 TO 5
20       PRINT "SSV Ulm 1846    ";
25    NEXT J
28    PRINT
30 NEXT I
40 END
```

2.25 Hier müssen wir zuerst alles genau auszählen:
```
10 FOR I = 1 TO 4
20    PRINT TAB(5*(I-1)+1);"HALLO";TAB(36-5*(I-1));"HALLO"
30 NEXT I
```
Wie Sie sehen, ist dieses Programm ein wenig "haarig".

2.26
```
10 PRINT "Geben Sie der Reihe nach die Monatseinnahmen ein:"
20 FOR J = 1 TO 12
30    INPUT BETRAG
40    SUMME = SUMME + BETRAG
50 NEXT J
60 PRINT "Durchschnittl. Einnahme:";SUMME/12
70 END
```

Es ist nicht schön, wenn Sie stattdessen 12mal mit INPUT operiert haben!

2.27
```
10  INPUT "Stichprobenumfang: ", N
20  PRINT "Geben Sie der Reihe nach die Werte ein:"
30  FOR I = 1 TO N
40      INPUT WERT
50      SUMME = SUMME + WERT
60  NEXT I
70  PRINT "Durchschnitt:";SUMME/N
80  END
```

2.28
```
 5  I = 1
10  INPUT "N = ", N
20  WHILE I<=N
30      SUMME = SUMME + 1/(I*I)
40      I = I+1
45  WEND
50  PRINT SUMME
60  END
```
bzw unter Verzicht auf WHILE...WEND:
```
 5  I = 1
10  INPUT "N = ", N
20  SUMME = SUMME + 1/(I*I)
30  I = I+1
40  IF I<= N THEN 20
50  PRINT SUMME
60  END
```

2.29
```
10  INPUT "Nettobetrag:  ", NETTO
20  WHILE NETTO > 0
30      ? "Bruttobetrag:"; NETTO*1.14
40      INPUT "Nettobetrag:  ", NETTO
50  WEND
60  END
```
Diese Programmstruktur wird durch den Wunsch diktiert, daß man zu dem als Abbruchbedingung verwendeten Wert nicht den Bruttobetrag ausgedruckt sehen möchte.

2.30 Die Abbruchbedingung orientiert sich an der Variablen J; da deren Wert aber nie verändert wird, ist sie immer gleich 0. Die Konsequenz ist eine Endlosschleife.

2.31
```
10  PRINT "Geben Sie der Reihe nach die Werte ein:"
20  PRODUKT = 1
```

```
 30 INPUT WERT
 40 WHILE WERT<>-9999
 50    ANZAHL = ANZAHL+1
 60    PRODUKT = PRODUKT*WERT
 70    INPUT WERT
 80 WEND
 90 PRINT: PRINT "Geometrisches Mittel:";PRODUKT↑(1/ANZAHL)
100 END
```

2.32 a) Das Trennzeichen bei INPUT darf kein Doppelpunkt sein.

b) Da N als Feld ausgewiesen ist, darf es nicht auch noch als nicht-indizierte Variable wie etwa in den Zeilen 20 und 30 auftreten

c) Da das Feld A nicht auftritt, ist es unsinnig, wenn auch nicht falsch, es zu dimensionieren.

d) In Zeile 90 muß ein Rücksprung nach 20 stehen, da sonst die Felder mehrfach dimensioniert werden, was zu einer Fehlermeldung führt.

2.33

```
 10 DIM KARTEI$(100,4)
 20 ? "Geben Sie jeweils Vornamen, Namen, Straße und";
 25 ? "Wohnort ein."
 30 ? "Der Abbruch erfolgt nach Eingabe von ZZZZ."
 40 ZAEHLER = 1
 50 INPUT "Vorname: ", KARTEI$(ZAEHLER,1)
 60 IF KARTEI$(ZAEHLER,1) = "ZZZZ" THEN 120
 70 INPUT "Name:    ", KARTEI$(ZAEHLER,2)
 80 INPUT "Straße:  ", KARTEI$(ZAEHLER,3)
 90 INPUT "Wohnort: ", KARTEI$(ZAEHLER,4)
100 ZAEHLER = ZAEHLER + 1
110 GOTO 50
120 END (bzw. weitere Verarbeitung)
```

Beachten Sie bitte, daß es außerordentlich kurzsichtig wäre, Zeile 10 durch DIM KARTEI$(70,4) zu ersetzen. Man sollte bei der Dimensionierung immer auf der sicheren Seite sein, denn die Eingabe der Daten des 71.Bekannten läßt sonst das Programm zusammenbrechen.

2.34 a)

```
10 DIM FELD(30)
20 FOR I = 1 TO 30
30    FELD(I) = I*I
40 NEXT I
50 END
```

b)
```
10  DIM A(10,10)
20  FOR I = 1 TO 10
30     FOR K = 1 TO 10
40        A(I,K) = I-K
50     NEXT K
60 NEXT I
```

Hier wurde das Feld zeilenweise eingelesen. Versuchen Sie das Programm dahingehend zu modifizieren, daß es spaltenweise eingelesen wird!

2.35
```
  5  DIM UMSATZ(12)
 10  FOR I = 1 TO 12
 20     PRINT "Filiale";I;": ";
 30     INPUT "",UMSATZ(I)
 40     SUMME = SUMME + UMSATZ(I)
 50  NEXT I
 60  LPRINT "Gesamtumsatz: "; SUMME;"DM"
 70  LPRINT
 80  LPRINT "Verteilung auf die Filialen"
 90  LPRINT
100  FOR I = 1 TO 12
110     LPRINT "Filiale";I;": ";UMSATZ(I)/SUMME*100;"%"
120  NEXT I
130  END
```

2.36 a)
```
 10  PRINT "Geben Sie die Vektoren ein"
 20  PRINT "Vektor 1"
 30  FOR I = 1 TO 3
 40     INPUT A(I)
 50  NEXT I
 60  PRINT "Vektor 2"
 70  FOR I = 1 TO 3
 80     INPUT B(I)
 90  NEXT I
100  FOR I = 1 TO 3
110     SKAL = SKAL + A(I)*B(I)
120  NEXT I
130  PRINT "Skalarprodukt: ";SKAL
140  END
```

b) Die Zeilen 10-90 übernehmen wir aus dem vorigen Programm, danach fahren wir wie folgt fort:

```
100  K1 = A(2)*B(3) - A(3)*B(2)
110  K2 = A(3)*B(1) - A(1)*B(3)
120  K3 = A(1)*B(2) - A(2)*B(1)
```

```
130 PRINT "Kreuzprodukt: ";
140 PRINT "(";K1;",";K2;",";K3;")"
150 END
```

2.37 a) Geändert werden nur die Zeilen zwischen 30 und 50 sowie Zeile 70:

```
35     IF MID$(TEXT$,J,LEN(SUCH$))<>SUCH$ THEN 50
40     ZAEHLER = ZAEHLER + 1
 .
70  PRINT ZAEHLER
```

b) Die Zeilen 10-25 bleiben wieder erhalten; danach geht es wie folgt weiter:

```
30  J=1
40  WHILE POS=0 AND J<=LEN(TEXT$)-LEN(SUCH$)+1
50     IF MID$(TEXT$,J,LEN(SUCH$))=SUCH$ THEN POS=J
60     J=J+1
65  WEND
 .
```

2.38

```
10 INPUT "Vorname: ", V$
20 INPUT "Name:     ", N$
30 PRINT LEFT$(V$,1) + LEFT$(N$,1)
40 END
```

2.39 a)

```
10 INPUT "Geben Sie einen String ein: ", S$
20 FOR J=LEN(S$) TO 1 STEP -1
30    PRINT MID$(S$,J,1);
40 NEXT J
50 END
```

b) Wir lehnen uns an das Programm aus Teil a) an:

```
10 INPUT "Geben Sie ein Wort in Großbuchst. ein: ", S$
20 FOR J=LEN(S$) TO 1 STEP -1
30    RUECK$ = RUECK$ + MID$(S$,J,1)
40 NEXT J
50 IF S$ = RUECK$ THEN PRINT "Palindrom": GOTO 70
60 PRINT "Kein Palindrom."
70 END
```

2.40

```
10 INPUT "Geben Sie ein Wort ein: ", S$
20 FOR J=1 TO LEN(S$)
25    IF J=1 AND LEFT$(S$,1) = "R" THEN CHIN$ = "L": GOTO 80
```

```
30     IF MID$(S$,J,1)<>"r" THEN 70
40        CHIN$ = CHIN$ + "l"
50        GOTO 80
70     CHIN$ = CHIN$ + MID$(S$,J,1)
80  NEXT J
90  PRINT CHIN$
95  END
```

Haben Sie an die mögliche Großschreibung am Wortanfang gedacht (vgl. Zeile 25)?

2.41 Diese Aufgabe ist schwieriger, als man auf den ersten Blick meinen könnte. Zu bedenken ist nämlich, daß die Funktion VAL auch dann den Wert 0 hat, wenn ein String der Art "0" oder "000" dasteht; man darf also bei einer Untersuchung von rechts her nicht vorschnell den Schluß ziehen, daß keine Zahl vorliegt.

```
10  INPUT "Geben Sie einen String ein: ", S$
20  J=1
30  NUL$ = "0"
35  IF J>LEN(S$) THEN 70
40  IF VAL(RIGHT$(S$,J))=0 AND RIGHT$(S$,J)<>NUL$ THEN 70
50     J=J+1
60     NUL$ = NUL$ + "0"
65  GOTO 35
70  PRINT RIGHT$(S$,J-1)
80  END
```

2.42 Das Programm von S.85 ist jeweils wie folgt zu ergänzen:

a)
```
45  IF INSTR(A$,"E")=0 AND INSTR(A$,"e")=0 THEN 50
48  ZAEHLER = ZAEHLER + 1
.
80  PRINT ZAEHLER
90  END
```

b)
```
5   DIM ZAEHLER(21)
.
42  IF LEN(A$)>20 THEN ZAEHLER(21)=ZAEHLER(21)+1: GOTO 40
45  ZAEHLER(LEN(A$)) = ZAEHLER(LEN(A$)) + 1
.
80  FOR J = 2 TO 21
85     PRINT "Länge";J;": ";ZAEHLER(J);"Stück"
90  NEXT J
95  END
```

2.43
```
10  INPUT "Geben Sie eine Zahl ein: ", A
20  A$ = STR$(A)
30  X = INSTR(A$,".")
40  IF X=0 THEN 60
50  A$ = LEFT$(A$,X-1)+","+MID$(A$,X+1)
60  PRINT A$
70  END
```

2.44
```
10  PRINT CHR$(12)
20  FOR J=1 TO 10
25     PRINT
28  NEXT J
30  PRINT TAB(20);CHR$(27);CHR$(106);
40  PRINT "Asterix und Obelix, die tapferen Gallier";
50  PRINT CHR$(27);CHR$(105);
60  PRINT CHR$(10);CHR$(10);
70  PRINT TAB(34);"Unsere Freunde:"
```
Achten Sie jeweils auf die Semikolons!

2.45
```
10  PRINT CHR$(12)
20  LOCATE 3,1
30  INPUT "Datum in der Form ##.##.## eingeben: ", D$
40  IF LEN(D$)=8 AND MID$(D$,3,1)="." AND MID$(D$,5,1)="."
    THEN 70
50  LOCATE 3,38
52  PRINT "                              "
60  GOTO 20
70  ...
```

2.46
```
10  PRINT CHR$(12)
20  INPUT "Passwort: ", PASS$
30  IF PASS$ = "Claudia" THEN 70
40  PRINT CHR$(12)
50  PRINT CHR$(7)
60  GOTO 50
70  ...
```
Jetzt ist endlich einmal eine Endlosschleife erlaubt.

2.47
```
10  DIM ZAEHLER(12)
20  RANDOMIZE
25  FOR I=1 TO 1000
30     WURF = INT(6*RND+1) + INT(6*RND+1)
40     ZAEHLER(WURF) = ZAEHLER(WURF)+1
50  NEXT I
```

```
60  FOR I=2 TO 12
70     PRINT I;":     ";ZAEHLER(I);"mal"
80  NEXT I
90  END
```

2.48

```
10  RANDOMIZE
20  PRINT INT(6*RND+1) + INT(6*RND+1) + INT(6*RND+1)
30  END
```

2.49

```
10  FOR I = 1 TO 100
20     T = INT(2*RND+1)
30     PRINT T
40     ZAEHLER(T) = ZAEHLER(T)+1
50  NEXT I
60  PRINT ZAEHLER(1);"mal 1"
70  PRINT ZAEHLER(2);"mal 2"
80  END
```

2.50

```
 5  DIM SILB$(12)
10  DATA al,ben,so,lin,en,ka,um,san,do,el,bei,ro
20  FOR J=1 TO 12
30     READ SILB$(J)
40  NEXT J
45  FOR K = 1 TO 10
50     FOR I=1 TO 3
60        PRINT SILB$(INT(12*RND+1));
70     NEXT I
75  NEXT K
80  END
```

2.51 a) Die entscheidende Idee bei diesem Problem besteht darin, bei Zufallszahlen unterhalb von 0.8 eine 0 und bei den übrigen eine 1 auszugeben. Auf diese Weise ist die geforderte 4:1-Verteilung sichergestellt.

```
10  RANDOMIZE
20  X=RND
30  ERGEBNIS = 0
40  IF X =0.8 THEN ERGEBNIS = 1
50  PRINT ERGEBNIS
60  END
```

b) Hier orientiert sich die Vorgehensweise an a). Diese Aufgabe ist verhältnismäßig schwierig, seien Sie also nicht enttäuscht, wenn Sie keine Lösung gefunden haben. Ich führe Variable X(1),...,X(4) ein; ist Spieler I da, so bekommt die betreffende Variable den Wert 1, sonst 0. Sodann bilde ich die Summe der vier Variablen. Ein Skat kommt zustande, wenn diese Summe größer gleich 3 ist.

```
 10 RANDOMIZE
 20 FOR I=1 TO 1000
 22    FOR J=1 TO 4
 24       X(J)=0
 26    NEXT J
 30    IF RND =0.95 THEN X(1) = 1
 40    IF RND =0.90 THEN X(2) = 1
 50    IF RND =0.80 THEN X(3) = 1
 60    IF RND =0.75 THEN X(4) = 1
 70    IF X(1)+X(2)+X(3)+X(4) =3 THEN Z=Z+1
 80 NEXT I
 90 PRINT "Es klappt";Z;"mal."
100 END
```

Beachten Sie bitte, daß in den Zeilen 30-60 durch den Aufruf von RND jedesmal eine neue Zufallszahl gezogen wird.

2.52 Ein Fehler besteht darin, daß man von Zeile 90 aus ins Unterprogramm "abrutscht". Als Abhilfe bietet sich an:

```
100 GOTO 540
 .
540 END
```

Außerdem ist A$ zu dimensionieren (mehr als 10 Komponenten!).

2.53 Hierzu bedarf es einer kurzen Vorüberlegung. Offenbar können wir die Kleinbuchstaben daran erkennen, daß ihr ASCII-Code zwischen 97 und 122 liegt. Wenn wir die Tabelle genauer inspizieren, so fällt uns außerdem auf, daß der jeweils zu einem Kleinbuchstaben gehörige Großbuchstabe einen um 32 niedrigeren Code besitzt. Dies machen wir uns hier zunutze:

```
410 INPUT "Geben Sie einen String ein: ", S$
420 FOR J=1 TO LEN(S$)
430    X$=MID$(S$,J,1)
440    IF ASC(X$) 97 OR ASC(X$) 122 THEN 460
450    X$=CHR$(ASC(X$)-32)
460    NEU$ = NEU$ + X$
470 NEXT J
480 PRINT NEU$
490 RETURN
```

2.54 a) Hier gilt die Umrechnungsformel:

$$\frac{\text{Bogenmaß}}{2\pi} = \frac{\text{Gradmaß}}{360}$$

Wenn das Gradmaß im Speicher WINKEL steht, führt dies zu:

```
410 WINKEL = 2*3.14159*WINKEL/360
420 RETURN
```

b)
```
 10 INPUT WINKEL
 20 GOSUB 410
 30 PRINT SIN(WINKEL)
 40 GOTO 430
  .
430 END
```

2.55 a) Ich gehe davon aus, daß die beiden komplexen Zahlen durch a_1+ia_2 bzw. b_1+ib_2 gegeben sind. Das Ergebnis sei c_1+ic_2.

Additionsprogramm:

```
400 C1 = A1 + B1
410 C2 = A2 + B2
420 RETURN
```

Multiplikationsprogramm:

```
500 C1 = A1*B1 - A2*B2
510 C2 = A1*B2 + A2*B1
520 RETURN
```

b)
```
 10 INPUT "Realteil von a:      ", A1
 20 INPUT "Imaginärteil von a: ", A2
 30 INPUT "Realteil von b:      ", B1
 40 INPUT "Imaginärteil von b: ", B2
 50 GOSUB 400
 60 A1=C1: A2=C2: B1=C1: B2=C2
 70 GOSUB 500
 80 B1=C1: B2=C2
 90 GOSUB 500
100 PRINT "Realteil:      "; C1
110 PRINT "Imaginärteil: "; C2
120 GOTO 600
  .
600 END
```

Sie sehen, wie lästig es ist, immer die Variablen anzupassen.

2.56 Das Programm enthält folgende Fehler:

1) Die Funktion heißt FNF und nicht F (vgl. Zeile 20).
2) Die Funktion wird erst nach ihrem Aufruf definiert.

(Das Programm wird übrigens laufen, wenn der Rechner F(1),...,F(10) als Elemente eines eindimensionalen Feldes ansieht; insofern können Pedanten sagen, es sei in Ordnung.)

Abhilfe:

```
 5  DEF FNF(X) = EXP(1-2*X)
10  FOR I=1 TO 10
20     PRINT FNF(I)
30  NEXT I
40  END
```

Es macht insbesondere nichts aus, wenn das Argument in 5 nicht mit dem in 20 übereinstimmt.

2.57 Wir erhalten den Ausdruck:

```
 6
-4
-2
 12
 4       0       4
```

Achten Sie darauf, daß die Werte von X und Y durch den Funktionsaufruf nicht geändert werden.

2.58 Wir erledigen a) und b) in einem Zuge:

```
10  DEF FNF(X,Y) = SQR(X*X+Y*Y)
20  INPUT "X = ", X
30  INPUT "Y = ", Y
40  PRINT FNF(X,Y)
50  END
```

2.60 Hier kann in allen Fällen folgendes Rahmenprogramm verwendet werden:

```
10  X = TIMER
20  FOR I = 1 TO 1000
.........
40  NEXT I
50  PRINT TIMER - X
60  END
```

In Zeile 30 ist die jeweilige Rechenoperation einzutragen. Sie werden sehen, daß Multiplikation und Division deutlich langsamer sind als Addition und Subtraktion und daß die Potenzierung noch einmal etwas länger braucht. Probieren Sie die Details an Ihrem Rechner aus!

Lösungen zu Kapitel 3:

3.1 Haus Haus Schnecke

```
 +21.45    0.16
Haus            21.5   0
```

3.2
```
 10 FOR I=1 TO 20
 20    PRINT USING "##              ###               ####";I,I*I,I↑3
 30 NEXT I
 40 END
```

3.3
```
 10 DIM A(6)
 20 FOR I = 6 TO 0 STEP -1
 30    PRINT "Koeff. von x↑";I;": ";
 40    INPUT "", A(I)
 50 NEXT I
 60 START = 6
 70 IF A(START)<>0 OR START=0 THEN 100
 80    START = START-1
 90 GOTO 70
100 PRINT "   f(x) = ";
110 FOR I = START TO 1 STEP -1
120    PRINT USING "+##.#x↑#";A(I),I;
130 NEXT I
140 PRINT USING "+##.#";A(0)
150 END
```

3.4
```
 10 DIM A(3,3)
 20 PRINT "Geben Sie die Matrixelemente zeilenweise ein:"
 30 FOR I = 1 TO 3
 40    FOR J = 1 TO 3
 50       INPUT A(I,J)
 60    NEXT J
 70 NEXT I
 80 FOR I = 1 TO 3
 90    FOR J = 1 TO 3
100       PRINT USING "####.##    ", A(I,J);
110    NEXT J
120    PRINT
130 NEXT I
```

Zeile 120 ist nötig, um den Zeilenvorschub zu gewährleisten.

3.5 Sicher ist es wünschenswert, alle Informationen zu einer Person in einer Zeile auszugeben. Dabei gehen wir davon aus, daß jede Eintragung aus maximal 20 Zeichen besteht.

```
  5 LPRINT CHR$(12)
 10 OPEN "KARTEI" FOR INPUT AS #1
 20 IF EOF(1)=-1 THEN 60
 30    INPUT #1, N$,V$,S$,O$
```

```
40     LPRINT N$;TAB(20);V$;TAB(40);S$;TAB(60);O$
50  GOTO 20
60  CLOSE #1
70  END
```

3.6 Hier orientieren wir uns an dem Programm von S.157/8. Ich gebe nur die zu ändernden Zeilen an:

```
10  INPUT "Welche Eintragung ist zu streichen? ", LOESCH$
20  fällt weg
 •
70  IF NAM$ = LOESCH$ THEN 90
 •
```

3.7 Wieder wird wie bei 3.6 verfahren:

```
10  INPUT "Hinter welche Eintragung soll etwas kommen? ", F$
20  INPUT "Was soll ergänzt werden? ", NEU$
 •
70  fällt weg
 •
85  IF NAM$ = F$ THEN WRITE #2, NEU$
 •
```

3.8 a)

```
10  OPEN "NAMEN" FOR OUTPUT AS #1
20  PRINT "Geben Sie die Namen ein. Abbruch durch ZZZZ."
30     INPUT "Name: ", N$
40     WRITE #1, N$
50  IF N$<>"ZZZZ" THEN 30
60  CLOSE #1
70  END
```

b)

```
10  OPEN "NAMEN" FOR INPUT AS #1
20     INPUT #1, N$
30   IF N$="ZZZZ" THEN 60
40     LPRINT N$
50  GOTO 20
60  CLOSE #1
70  END
```

c) Das Problem besteht, wie in der Aufgabenstellung angedeutet wurde, hauptsächlich darin, das Endekennzeichen zu löschen und an den neuen Schluß zu rücken.

```
10  OPEN "NAMEN" FOR INPUT AS #1
20  OPEN "HILF" FOR OUTPUT AS #2
30     INPUT #1, N$
40   IF N$="ZZZZ" THEN 70
```

```
 50      WRITE #2, N$
 60   GOTO 30
 70   CLOSE #2
 75   CLOSE #1
 80   REM ***** Hinzufügen von Daten *****
 90   OPEN "HILF" FOR APPEND AS #2
100   PRINT "Geben Sie die Namen ein. Abbruch durch ZZZZ."
110      INPUT "Name: ", N$
120      WRITE #2, N$
130   IF N$<>"ZZZZ" THEN 110
140   CLOSE #2
160   KILL "NAMEN"
170   NAME "HILF" AS "NAMEN"
180   END
```

3.9

```
 10   OPEN "NAMEN" FOR INPUT AS #1
 20   OPEN "NEU" FOR OUTPUT AS #2
 30   J=1
 40   IF EOF(1)=-1 THEN 100
 50      INPUT #1, N$
 60      WRITE #2, STR$(J)
 70      WRITE #2, N$
 80      J=J+1
 90   GOTO 40
100   CLOSE #2
110   CLOSE #1
120   END
```

3.10 a)

```
 10   OPEN "NAME1" FOR OUTPUT AS #1
 20   PRINT "Geben Sie jeweils Namen und Vornamen ein."
 30   PRINT "Abschluß durch ZZZZ."
 40      INPUT "Name:     ", N$
 50    IF N$ = "ZZZZ" THEN 110
 60      INPUT "Vorname: ", V$
 70      WRITE #1, N$
 80      WRITE #1, V$
 90   GOTO 30
110   CLOSE #1
120   END
```

b)

```
 10   OPEN "NAME1" FOR INPUT AS #1
 20   IF EOF(1)=-1 THEN 70
 30      INPUT #1, N$
 40      LPRINT N$
```

```
50    INPUT #1, DRECK$
60  GOTO 20
70  CLOSE #1
80  END
```

Obwohl wir also gar nicht an den Vornamen interessiert sind, müssen wir sie einlesen; anders geht es bei sequentiell organisierten Dateien eben nicht.

3.11 Bei der Abfassung dieses Programms benützen wir den ASCII-Code, um eine Schleife bilden zu können.

```
10  FOR I = 65 TO 90
20     OPEN CHR$(I) FOR OUTPUT AS #1
30     WRITE #1, "0"
40     CLOSE #1
50  NEXT I
60  END
```

3.12 Ich gebe nur an, was sich am Programm von Seite 166 ändert:

```
 .
60  IF EOF(1)=-1 THEN ?"Nicht vorhanden.": GOTO 100
65  GET #1, CODE
 .
```

3.13 a) Erfassung:

```
 10  OPEN "LAGER" AS #1 LEN=41
 20  FIELD #1,6 AS A$,15 AS B$,6 AS E$,6 AS V$,8 AS D$
 25  PRINT "Abschluß mit negativer Satznummer."
 30  INPUT "Satznummer:      ", CODE
 40  IF CODE<0 THEN 110
 50  INPUT "Artikelnr.:      ", ART$
 60  INPUT "Bezeichnung:     ", BEZ$
 70  INPUT "Einkaufspreis: ", EP$
 80  INPUT "Verkaufspreis: ", VP$
 85  INPUT "Einkaufsdatum: ", VD$
 90  LSET A$=ART$: LSET B$=BEZ$: LSET E$=EP$
 95  LSET V$=VP$: LSET D$=VD$
100  PUT #1, CODE
105  GOTO 30
110  CLOSE #1
120  END
```

b) Auslisten:

```
10  OPEN "LAGER" AS #1 LEN=41
20  FIELD #1,6 AS A$,15 AS B$,6 AS E$,6 AS V$,8 AS D$
```

```
30 IF EOF(1)=-1 THEN 70
40    GET #1
50    LPRINT A$;"  ";B$;"  ";E$;"  ";V$;"  ";D$
60 GOTO 30
70 CLOSE #1
80 END
```

c) Abändern:

```
 10 OPEN "LAGER" AS #1 LEN=41
 20 FIELD #1,6 AS A$,15 AS B$,6 AS E$,6 AS V$,8 AS D$
 30 INPUT "Artikelnummer: ", ART$
 40 CODE = 1
 50 IF EOF(1)=-1 THEN PRINT "Fehler.": GOTO 110
 52 GET #1,CODE
 54 IF LEFT$(A$,LEN(ART$))<>ART$ THEN CODE=CODE+1: GOTO 50
 60 INPUT "Bezeichnung:    ", BEZ$
 70 INPUT "Einkaufspreis: ", EP$
 80 INPUT "Verkaufspreis: ", VP$
 85 INPUT "Einkaufsdatum: ", VD$
 90 LSET A$=ART$: LSET B$=BEZ$: LSET E$=EP$
 95 LSET V$=VP$: LSET D$=VD$
100 PUT #1, CODE
110 CLOSE #1
120 END
```

Achten Sie auf die genaue Form der in Zeile 54 verglichenen Größen. Durch diesen Kunstgriff schützen wir uns vor Leerzeichen, die infolge von LSET an die ursprünglich eingegebene Artikelnummer angehängt sein könnten.

d) wird in Analogie zu c) gelöst.

Anhang

1. Der ASCII-Code

dez	Char	dez	Char	dez	Char	dez	Char
0	NUL	32	SP	64	@	96	`
1	SOH	33	!	65	A	97	a
2	STX	34	"	66	B	98	b
3	ETX	35	#	67	C	99	c
4	EOT	36	$	68	D	100	d
5	ENQ	37	%	69	E	101	e
6	ACK	38	&	70	F	102	f
7	BEL	39	'	71	G	103	g
8	BS	40	(	72	H	104	h
9	HT	41	)	73	I	105	i
10	LF	42	*	74	J	106	j
11	VT	43	+	75	K	107	k
12	FF	44	,	76	L	108	l
13	CR	45	—	77	M	109	m
14	SO	46	.	78	N	110	n
15	SI	47	/	79	O	111	o
16	DLE	48	Ø	80	P	112	p
17	DC1	49	1	81	Q	113	q
18	DC2	50	2	82	R	114	r
19	DC3	51	3	83	S	115	s
20	DC4	52	4	84	T	116	t
21	NAK	53	5	85	U	117	u
22	SYN	54	6	86	V	118	v
23	ETB	55	7	87	W	119	w
24	CAN	56	8	88	X	120	x
25	EM	57	9	89	Y	121	y
26	SUB	58	:	90	Z	122	z
27	ESC	59	;	91	[	123	{
28	FS	60	<	92	\	124	|
29	GS	61	=	93	]	125	}
30	RS	62	>	94	∧	126	~
31	US	63	?	95	←	127	DEL

Die meisten Zeichen der ASCII-Code-Tabelle dürften unmittelbar klar sein; wir gehen daher nur auf diejenigen ein, die zweifelhaft sein könnten:

NUL: es passiert gar nichts (leere Anweisung)
SOH: Beginn des Kopfes ("start of heading")
STX: Beginn des Textes ("start of text")
ETX: Ende des Textes ("end of text")
EOT: Beendigung der Zeichenübertragung ("end of transmission")
ENQ: Anfrage ("enquiry")
BEL: Ausgabe eines Tons ("bell")
BS: Zurücksetzen der Schreibmarke ("backspace")
HT: Ansteuern der nächsten horizontalen Tabulatorposition ("horizontal tab")
LF: Tiefersetzung der Schreibmarke um eine Zeile ("line feed")
VT: Ansteuern der nächsten vertikalen Tabulatorposition ("vertical tab")
FF: Formularvorschub ("form feed")
CR: Wagenrücklauf ("carriage return")
SO: Rückschaltung auf Groß- und Kleinschreibung ("shift out")
SI: Dauerumschaltung auf Großschreibung ("shift in")
DLE: Umschaltung der Datenverbindung ("data link escape")
DC: Gerätesteuerung ("device control")
NAK: Negative Bestätigung ("negative acknowledgement")
SYN: Synchronisationsleerlauf ("synchronous idle")
ETB: Beendigung des Übertragungsblocks ("end of transmission block")
CAN: Annullierung ("cancel")
EM: Ende des Datenträgers ("end of medium")
SUB: Ersetzung ("substitute")
ESC: Umschaltung ("escape")
FS: Abgrenzung von Dateien ("file separator")
GS: Trennung von Gruppen ("group separator")
RS: Abgrenzung von Datensätzen ("record separator")
US: Einheiten-Trennzeichen ("unit separator")
SP: Ausgabe eines Leerzeichens ("space")
DEL: Löschzeichen ("delete")

Schließlich sei noch darauf hingewiesen, daß die Zeichen in den Positionen 35, 64, 91, 92, 93, 94, 123, 124, 125 und 126 in den einzelnen Nationen unterschiedlich besetzt sein können. Auf diese Weise können Bedürfnisse für Eigentümlichkeiten gewisser Sprachen abgedeckt werden. Die folgende Tabelle zeigt die Festsetzungen für einige Länder:

Land / dezimal	U.S.A.	Frankreich	Deutschland	England	Dänemark	Schweden	Italien	Spanien	Japan
35	#	#	#	£	#	#	#	Pt	#
36	$	$	$	$	$	¤	$	$	$
64	@	à	§	@	@	É	@	@	@
91	[	°	Ä	[	Æ	Ä	°	¡	[
92	\	ç	Ö	\	Ø	Ö	\	Ñ	¥
93	]	§	Ü	]	Å	Å	é	¿	]
94	^	^	^	^	^	Ü	^	^	^
96	`	`	`	`	`	é	ù	`	`
123	{	é	ä	{	æ	ä	à	¨	{
124	¦	ù	ö	¦	ø	ö	ò	ñ	¦
125	}	è	ü	}	á	å	è	}	}
126	~	¨	β	~	~	ü	ì	~	~

2. Liste der Wortsymbole in BASIC

Die folgende Liste enthält die laut Norm-Entwurf vorgesehenen Wortsymbole in BASIC; der Wortschatz von einzelnen BASIC-Versionen kann durchaus darüber hinausgehen.

ACCESS, AND, ARITHMETIC, AT, BASE, BEGIN, BOUNDS, BREAK, CALL, CASE, CAUSE, CENTERING, CHAIN, CLEAR, CLIP, CLOSE, COLLATE, CONNECT, CONTINUE, DATA, DATUM, DEBUG, DECIMAL, DEF, DELAY, DELETE, DIM, DISABLE, DISCONNECT, DISPLAY, DO, ELSE, ENABLE, END, EOF, EVENT, EXIT, FILE, FOR, FROM, FUNCTION, GO, GOSUB, GOTO, GRAPHIC, HANDLER, IF, IMAGE, IN, INPUT, INQUIRE, INTERNAL, KEY, KEYED, LET, LINE, LINESTYLE, LOOP, MARGIN, MAT, NAME, NATIVE, NEXT, NONE, OFF, ON, OPEN, OPTION, OR, ORGANIZATION, OUT, OUTIN, OUTPUT, PARACT, PAREND, PARSTOP, PICTURE, PLOT, POINTER, POSITION, PRINT, PROCESS, PROMPT, RANDOMIZE, READ, RECORD, RECORDS, RELATIVE, REM, RESET, RESTORE, RESUME, RETRY, RETURN, REWRITE, SCRATCH, SELECT, SEQUENTIAL, SET, SIGNAL, STANDARD, START, STATUS, STEP, STOP, STREAM, SUB, SUBEXIT, THEN, TIME, TIMEOUT, TO, TRACE, TYPE, UNTIL, URGENCY, USING, VARIABLE, VIEWPORT, WAIT, WHILE, WINDOW, WITH, WRITE.

Bei vielen Rechnern kommen dazu noch folgende Wortsymbole:
APPEND, CATALOG, COMMON, DIRECTORY, GET, LIST, LOAD, LOCK, MERGE, POKE, PUT, RENAME, RETURN, RUN, SAVE, UNLOCK, WEND.

3. Liste der Standardfunktionen in BASIC

Die folgende Liste umfaßt die auf den meisten Rechnern verfügbaren Standardfunktionen. Ich habe sie sehr salopp und nicht mit pedantischer Genauigkeit geschrieben. Streng genommen müßte die erste Eintragung heißen: der Absolutbetrag des aktuellen Wertes von X....

ABS(X)	x
ACOS(X)	arccos x
ASC(X$)	die zu X$ gehörige Zahl im ASCII-Code
ASIN(X)	arcsin x
ATN(X)	arctan x
CHR$(X)	das laut ASCII-Code zu X x gehörige Zeichen
COS(X)	cos x
COSH(X)	cosh x
DATE$	das Datum
EOF(X)	ist am Dateiende -1, sonst 0
EXP(X)	e
INSTR(X$,A$)	ist n, wenn A$ erstmals ab der n-ten Position in X$ ist; sonst 0
INSTR(X$,A$,M)	wie eben, nur wird erst ab der M-ten Stelle nach A$ gesucht
INT(X)	größte ganze Zahl kleiner gleich x, auch: x
LEFT$(X$,M)	die ersten M Zeichen von X$
LEN(X$)	die Länge von X$
LOG(X)	der natürliche Logarithmus
MID$(X$,M)	X$ ab der M-ten Position
MID$(X$,M,N)	das M-te bis M+N-1-te Zeichen von X$
PEEK(X)	der Inhalt der Speicherzelle X
RIGHT$(X$,M)	die rechten M Zeichen von X$
RND	die nächste Zufallszahl
SGN(X)	die Signum-Funktion (1 für x 0, -1 für x 0, 0 sonst)
SIN(X)	sin x
SINH(X)	sinh x
SPC(X)	x Leerzeichen
SQR(X)	x
STR$(X)	x als String aufgefaßt
TAB(X)	Ausgabeposition-Position x
TAN(X)	tan x
TIME$	die Uhrzeit
TIMER	die seit Mitternacht oder dem Einschalten vergangenenen Sekunden
VAL(X$)	die am Anfang von X$ stehende Zahl; sonst: 0

Dazu treten bei vielen Rechnern:

Matrix-Funktionen (DET, DOT, INV, TRN etc)
Graphische Funktionen (POS, ROTATE, SHEAR, SHIFT etc.)
Konvertierungsfunktionen (BSTR$, BTOH$, CINT, CSNG, OCT$)
Bedienung von Sondertasten (KEY, PADDLE etc.)
usw:

4. Stichwortverzeichnis

Das vorliegende Stichwortverzeichnis berücksichtigt hauptsächlich die besprochenen BASIC-Anweisungen sowie die wichtigsten Kommandos. Standardfunktionen sind nur insoweit aufgenommen, wie sie im Haupttext besprochen werden. Verweise auf die Anhänge fehlen.